シュタイナーのこどもの育てかた

おとながこどもにできること

ローター・シュタインマン／鳥山雅代 訳

春秋社

正解のない子育ての時間を
今日も生きてゆく
世界じゅうの勇気ある
お母さん、お父さん――
それからまわりの
たくさんのおとなのみなさんへ

ウーリッヒ伯父さんはあるとき、わたしのまえで
くるみをナイフでじょうずにふたつに割ってくれました。
殻がくだけず、きれいに割れたのです。
そして舟のようにして、水に浮かべてくれました。
彼は、その瞬間、わたしに必要なことをしてくれました。
それは価値のあることでした。
わたしは六三歳になって、
そのときのことを思い出しました。

日本のみなさん、
こんにちは。

じぶんのこどもが生まれたとき、
「この子」のことをなんにも知らないと気づいて
びっくりしました。
どうしていいのかわからないことだらけでした。
シュタイナー博士の本も役に立ちません。

わたしはいま、世界中のシュタイナー学校にでかけて
こどものまわりのおとなの方々に

お話する仕事をしています。そう言うと、
さぞ家では立派なお父さんなのだろう、と
思われるでしょう？　わたしもそう思います。

でも「おとながこどもにできること」というタイトルを
ご覧になって、みなさんがなにか、
シュタイナーのすばらしい答が書かれている、と
思ってしまわれたら、がっかりさせてしまうかもしれません。

わたしにできるのは、
七人のこどもの親として、シュタイナー学校の教師として
「わたしはこの子になにができるんだろう？」

という問いのまわりをぐるぐるめぐりながら
毎日すこしずつ考えてきたことを
じぶんの体験にそくしてお話することです。
お弁当箱だとか、クマさんだとか、ランドセルだとか、
まったくもってささいなことが中心です。

わたしもまた、ひとにはすぐ言えない失敗を
たくさんしてきました。でもだからこそ、
まちがえながら子育ての時間を生きることは
「まちがっていないんだ」ということを
お伝えできるかもしれないぞ、と思っています。
それが結果として、わたしなりに取りくんできた

シュタイナー教育の考え方を、いくらかでも
つたえるものになるなら、幸いです。

でもほんとうに、ほんのちょっと。

ビスケットくらいのお話です。
だからひとやすみされたときなどに
お茶のおともに読んでいただけるなら
とてもうれしく思うのです。

――ローター・シュタインマン

目次

本書は
「ＮＰＯ法人 東京賢治の学校　自由ヴァルドルフシューレ」での
「親のための講座」の内容をもとに再構成したものです。

おとなが
こどもに
できること

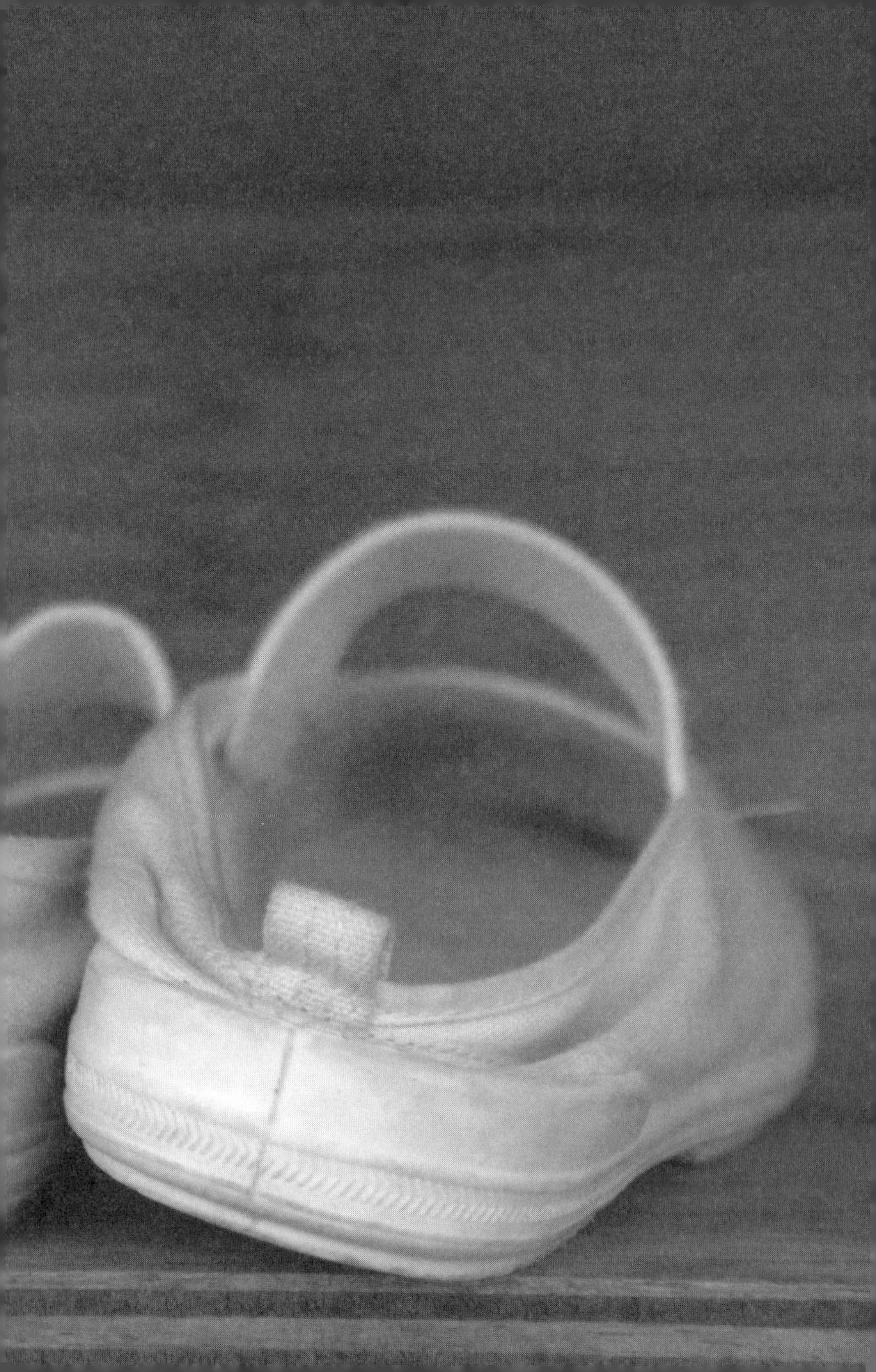

1

まえもって感じとる

約束、まもれるかな？

いったいこどもはどうしたら親の言っていることをきいてくれるのでしょうね。

こどもが外に遊びに行ったきり帰ってこないことがありますね。もう時計は読める年齢です。

「六時三〇分にはごはんだから帰ってきなさいよ」

……帰ってきません。七時くらいに帰ってきました。三〇分ほど遅れています。

こんなとき、みなさんなら、どうしますか。

もうごはんもおふろもみんな遅くなっちゃうし、叱《しか》ろうとするかもしれませんね。しかも昨日もそうだったとしたら、感情的に怒ってしまう場面かもしれません。反対に、三〇分くらい、まあいいや、ということもあるかもしれない。

でも、どの親も――わたしもそのひとりですが――そのとき感情的に怒るのでも、放っておくのでもない方法があります。

こどもがなにか失敗したり、まちがったりしたとき、あとからこどもを叱る――これは、こどもにとってあまり力になりません。

なぜなら、もうまちがったことは「やってしまった」ことだから。


ある先生が、朝、学校にきてすぐに、こんなことを言っていました。自転車で走っていたら、警官に止められて罰金《ばっきん》をはらわされたのよ、と。それは進入禁止の標識《ひょうしき》のあったところから五〇メートルすぎたところでした。その先生は、警官に言ったそうです。

「親愛なるおまわりさん、この標識の〝手前〟に立っていてくださいません？」

わたしはこの話を聞きながら、まるで教育のたいせつな話を聞いているような気がしました。準備をする、ということ。なにかが起こったときに反応するのではなくて、起こる手前で準備する。

でもこれはなかなかむずかしいことです。

先ほどのこどもの話に戻りましょう。ここでたいせつなのは、明日も同じようなことが起きないようにする、ということです。

つぎの日、またこどもたちは遊びに行きたいと言いだします。

「遊んできてもいいよ。

でも昨日はちゃんと時間どおり帰ってこなかったねえ。

——今日はどうしようか？」

「お母さんが知りたいことは、

おまえがどこで遊んでいるかだよ。

どこで遊んでいるかがわかっていたら、

おまえが遊んでいるところに五分前にわたしが行って、

五分後にもうその時間だよ、と言うことができるでしょ？」

わたしたち親にとって子育ての時間は、こんなちいさな出来事でいっぱいです。でもこんな日常のひとつぶひとつぶのなかに、とてもたいせつなことがつまっています。とはいえ、ぜんぶ気づくだなんて、もちろんとてもできません。

もしできるなら、一日のなかですこしだけ親が気づくということです。それに「前もって気づくほうが、あとからおいかけるより楽ちん」でしょう？

あぶないことがないように前もって取りのぞく、ということを言っているのではありません。もちろん「どうぞ、よろこんで転んでください」という場面もある。痛みはいつだってよろこびより教育的です。それを判断することもたいせつですが、これはまたあとでお話ししましょう。

子育てのなかで、
こどもたちにまかせるのか、
そのサポートをしてあげるのか。

日々のなかで、じぶんのことを前もって考えているおとながいるということをこどもたちに体験させてあげられたらいいですね。それはこどもとおとなのあいだにも、自由でおちついた空間をつくってくれます。

おとなはこどもより「前もって気づく」のが上手です。もちろんそれが得意なひともいれば、不器用なひともいる。でも、たとえできてもできなくても、こどもは、おとながじぶんの問題にとりくむその姿勢をどこかで感じています。

「前もって感じとる」——これは教師としてのわたしにとっても、もっともむずかしく、もっともたいせつなテーマです。

いっしょにやってみる

隠れてついていこう。

いちばん下の娘が一〇歳のときのことです。「しごとの計画表」をつくってもらいました。わたしが紙を渡して、月火水木金の一週間の家のしごとを曜日ごとに書きなさいと言ったのです。彼女は「『親に親切にする』ということは家事には入らないの？」とかなんとかぶつぶつ言いながら、がんばって書いていました。

さて、

月曜日、お花の水やり。夕方、お茶わんを洗う。
火曜日、テーブルセッティング。
水曜日、買い物の手伝い。
木曜日、お茶わんを洗うのとテーブルセッティング、お片づけ

――彼女はいっぱい書きました。

でも口で言うのと実際におこなうのはおおちがいだということをおとなは知っています。

ですから、こうやって紙にこどもが書いたら、あとは約束どおりやるもやらぬもこどものしごと！　もうおとなの課題はない、というわけではありません。むしろここからおとなの見えないしごとがはじまります。

こどもがそんな表をつくったら、まずそれをなくさないように気をつけなくてはなりません。よくそれは「どこかへいっちゃう」ものですから。わたしは、その紙を見えるところに貼りだしました。

夜になったら「計画を実行した？」だとか、あるいは朝、朝食のときに「今日のおまえのしごとはなんだったっけ」と聞きます。

この助けをこどもは必要とします。

こどもは、自然にぜんぶ、記憶するということはありません。記憶の領域は親のしごとといえます。

わたしは一週間「記憶するというしごと」を隠れて担当しました。

さて、彼女は「お茶わんを洗う」と書きましたから、じぶんのだけではなくほかのひとのも洗わなければなりません。そこで彼女が学んだのは、きちんと洗うということでした。

彼女のお茶わん洗いは、お湯をちょっと入れてちゃかちゃかとやって、はいおしまい、というものでした。しかも、上向きに置いて乾かそうとした。彼女は食器洗浄機のおかげで洗い方さえ知りませんでした。彼女は生まれてはじめて、

洗ったものは逆さに伏《ふ》せておくと
水がたまらず、すぐかわく

ことを学びました。

なんだかばかげた話をしているようですが、これは自立の道を歩んでいくモザイクのちいさな一ピースがぱちんとはまった瞬間です。日

常は、こんなたくさんのちいさなモザイクのかけらからできていますよね。

やれるまで一緒にやる（ときには隠れてついていく）。

「やりなさい」と口で言ってもこどもはなかなかやりません。こどもはやりたくなかったら本来やらない。それがそもそもこどもです。「こどもたちだけではできない」ということです。「やりなさい」、とか、「自立しなさい」、と言っても、意味がありません。様子をみながら、隠れてちょっと応援します。

おとながやってみる。

さて、下の娘は一二歳になりました。お茶わん洗いはまだつづいていますが、「じぶんのだけ」洗うことに修正されました。それもいいだろう、とわたしは言いました。

食事が終わり、みんながそれぞれのお皿や茶わんを洗って席を離れると、だれのでもない汚れた食器がテーブルのうえに残ります。食卓にはわたしがひとり。

「いっしょに洗おう」

と娘に言うと、いつもそうなんですが、「やだ！」と両手をあげて部屋に引っこんでしまいます。

「そうかいそうかい、今日は片づけしたくないんだね。いいよ、今日はお父さんがやるからね」

とわたしはちょっと悲しみつつ、じぶんひとりで片づけをはじめます。

すると、ときどき、娘はじぶんから部屋から出てきていっしょに片づけをはじめることがあります。二つ下の弟もなぜだかくっついてくる。いつもじゃなくて、たまになんですけれどね。

よく生徒のお母さんからこどもが本を読まないという悩みを相談されます。「お母さんは本を読みますか?」とたずねると、たいていは忙しくてそれどころではないとおっしゃいます。まったくです。子育て中に読書なんて「ぜいたく」なのかもしれません。

でも、もしそのお母さんが本が好きな方なら、ぜひどこか、ほんのすこしでも時間をとってお読みになるといいと思うのです。それは見えないかたちでお子さんにもよいことかもしれませんし。

お母さんが本が大好きで集中して読んでいると、こどもはそーっと見守ります。なんだかぼくより本の方が大事みたい。あのなかに、とんでもなく面白いことがあるのかも、と思うかも。

本はたとえばの話です。

こどもって、おとなが、じぶんのからだの内側から、なにかに集中しているとき、話しかけません。おとなのからだのなかにある静けさを聴いています。いったいなにがそんなにおもしろいんだろう？　あそこになにがあるんだろう？　そんなおとなたちの姿から、生きてゆくための意志をしずかに受けとっていることがあるのです。

あとからふりかえる

あしたの種をひろおう。

ではもし「前もって感じとる」ことができなかったら？　途中もちっとも手伝えなかったら？　すべておしまいでしょうか。

そんなことはありません。「前もって考える」ことは、教師としてのわたしにとって、もっともたいせつな課題だと言いました。それはほんとうなんです。でももし前もって考えられなかったら、あとからふりかえることができます。

娘が一〇歳のとき、こんなことがありました。

夕方、五時すこしまえ、わたしは久しぶりに家にいました。

奥さんが言いました。

「冷蔵庫にミルクもないし、パンもないわ」

「じゃあお母さんは家にいて。ぼくが買い物に行ってくるよ」

するとゝ娘が言いました。

「じゃあ、パパ、わたしも買い物にいっしょについていってもいい？」

わたしはうれしかったです(笑)。久しぶりに娘といっしょに自転車にのって買い物にいける。スーパーに行けば、途中で娘と話をしたりもできる。「いいな！」と思った。

さて出かけて、パンや牛乳を買いおえました。そしてレジのまえにきたとき、娘が言うのです。

「パパ、八〇セント借してくれる？」

「どうしてだい？」

「買いたいものがあるの。

でもおこづかい、家に置いて来ちゃったから」

「なにを買いたいの？」と訊くと、「グミベアー」（くまのかたちをしたグミ）だそうです。わたしの魂のなかでなにかがグルグルしはじめました。

「それはだめ！　もうすぐ夕飯でしょう。第一、じぶんのおこづかいのことを考えなさい。しかもここでお金をはらったら、あとからもう返さないなんてことにならないほうがいい！」

わたしの出かけるまえの「久しぶりに娘と買い物ができる！」という気持ちは、風船のようにしぼんでしまいました。

しかもそれだけでは終わりませんでした。

買い物したかったものは、彼女は、レジで思いついたわけではなかったんです。家を出るときに、遅くとも彼女は、思いついていたんです。または、その理由で、父親と買い物に行きたいと思っていた……。

わたしは、素朴《そぼく》によろこんでいましたが、娘はなにかを計画していただなんて！　わたしは腹がたちました。
……でもなんだか、こうやってお話すると、ずいぶんつまらないことですね。

さて、問題はどこにあるでしょうか。

わたしはあとから考えました――わたしがたとえば、「行きたいか」ときいたとき、経験のある父親だったら、娘が「お父さんのために」行きたいと言っているなんて、これっぽっちも考えていないと見ぬけたかもしれません。わたしがすぐに「なにか買いたいものがあるのかい？」とたずねられたら、「そうそう」と彼女は言うことができます。そうできたら正直じゃないですか。

わたしはですね、わたしの素朴なよろこびによって、彼女になにか役目をあたえてしまったわけです。

もしかしたら、

「おこづかいあるだろう?」

と言えたかもしれない。そうしたら、

「とってくるからお父さん待ってて」

と言えたかもしれない。

わたしは前もってこどもと話すことができました。そうしてからいっしょに買い物に出かけたら、こんなふうに緊張が生じることはなかったでしょう。わたしはそこでなにを学んだでしょう? わたしはある意味で、やっぱり知っていたことを学んだとしか言えません。

前もって先のことを考えるほうが、あとからそれをおいかけるよりも、よっぽどいい。

そんなことは、もう知っていました（笑）。しかし実践ではできないということが、はっきりわかります。みんなそうなんですね。でも、そこで、あとからはっきりするわけですが、それも重要なんです。

なにかが起こったあと、あとから、ふりかえる。

そのとりくみのなかで、みなさんは、こどもとの関係をすこしずつ育んでゆけるのです。

というわけで、また同じような機会がわたしにあったら、そうならないようにすることができるかも、しれないですね。

2

できないことを知る

じぶんであるということ

いまから七〇年ほどまえ、ポーランドにコルチャックさんというひとがいました。こんなひとであれたらなあというわたしの尊敬するひとです。彼はこどもにとってたいせつなことが三つある、と言いました。彼はまず、こう言いました。

どのこどもも、世界中どこでも、ほんとうにその子でいる権利がある。

わたし自身はシュタイナー学校〔自由ヴァルドルフ学校〕の教師です。シュタイナーの考えたことはわたしから見れば、やっぱり大きな意味があります。こんなにいいものなのだから、じぶんのこどもたちにもやっぱりいつか、それはいいものだね、と思ってほしい、そして同じように学んでほしい、ついそう願ってしまう、そういうことがあります。

あたまでは、いやいやそんなことはないぞ、ともちろん思っています。でも、いつのまにか、やっぱりわが子もじぶんと同じことをしてくれたらいいなあ、という思いが出てくる……そんなにこどもがしたいことだけさせたくないな、ということになる。

そのわたしのお腹のなかの願いにコルチャックさんは反対しているのだとわたしは思います。

じぶんである権利があるんだよ、とコルチャックさんは言いました。怒ったり、泣いたり、嫉妬《しっと》したり、内側にあるものをありのまま、躊躇《ちゅうちょ》なく表現してもだいじょうぶだと感じられること、「よいこ」ではなくわるい気持ちもふくめて、いまそのままの気持ちでいられる安心を保障すること。こどもだけ、純粋無垢《じゅんすいむく》なんておかしいよ、と。

こどもは親の願いにとても敏感です。でもほんとうは、いつでもじぶんでいたいと思っている。おとなは、それを邪魔《じゃま》することはできないのです。

つぎにコルチャックさんはこう言いました。

どのこどもも、その瞬間に対する権利をもっている。

あるひとは、今したいことをがまんしていっしょうけんめい生きます。そんなふうにしていれば将来パラダイスがやってくるから、と。

コルチャックさんは言います。「どのこどもも、おとなも、〈今日一日〉の権利をもっている。」

明日ではない、いま、ということ。

わたしにはこどもの頃、大好きなウーリッヒ伯父さんがいました。伯父さんはとても愉快だったので遊びにやってくるのが、ほんとうに愉しみでした。

ウーリッヒ伯父さんはあるとき、わたしのまえで、くるみをナイフでじょうずにふたつに割ってくれました。殻《から》がくだけず、きれいに割れたのです。そして舟のようにして、水に浮かべてくれました。

彼は、その瞬間、わたしに必要なことをしてくれました。

それは価値のあることでした。わたしは六三歳になって、そのときのことを思い出しました。

「この瞬間」というものが、永遠の要素をもっています。どんなこどもも、いま、そういう時間を生きているということ。それを邪魔できないということ。

うまく言えませんけれど、特別なことでもありません。このひとつの例でお伝えできたなら、うれしく思います。

コルチャックさんは、三つ目にこう言いました。

三つ目は、いちばんむずかしい内容です。

三つ目は、聞くと一瞬、なにを言っているかわからない内容です。

どのこどもも、じぶんの死への権利をもっている――

このひとおかしいんじゃないの⁈と思うかもしれません。こどもと死はいちばん遠くにあってほしい。自殺なんてとんでもないし、ふつうだったら死にたいなんて思わないはず。しかしでは、彼はなにを考えたのか、訴《うった》えたのか。

ちょっとびっくりされたかもしれませんが、それはつまりこんなことではないでしょうか。

こどもには木にのぼる権利がある。

こどもが高い木にのぼっています。両親が見つけて下から叫びます！

「あぶない！　降りなさい！　あぶなすぎる！」

そう叫んじゃいますよね。

でもつぎの言葉を区別してください。

こどもに対する「心配」、そして「恐怖、不安」とを。

なにを言いたいのかと言いますと、わたしたちとこどものあいだに、ある意味では、大きな太いつなのようなものができていて離れなくなってしまっています。なぜそれをつくってしまったのでしょうか。わたしたちのなかの不安や恐怖があまりにも大きすぎて、こどもを信頼することができないのです。

どこでわたしたちは、こどもがじぶんで学べるんだという信頼をもてるでしょうか。

もちろん、周りから見れば、木のうえのこどもは危機のさなかにいるかもしれません。賭けかもしれません。わたしは、こどもが木にのぼったら、決して降りろと言ってはならぬ、とみなさんに言っているのではありませんよ。木の高さにもよるのかな？

いずれにしてもそれは、それぞれのおとな、ひとりひとりがじぶんの答えを見つけていかなければいけません。わたしたちはこどもをじぶんのところにしばりつけておくことはできないからです。

自由の境界線

「死への権利」だなんてびっくりさせてしまったかもしれませんから、もっと身近な話で、このことを考えてみます。「心配と不安」の区別の話でもあります。親はこどもがかなり大きくなっても、できるだけじぶんの近くに置いておきたいという思いがあるものです。

いちばん上の娘が、一六歳のときの話です。一五、六歳になると、夜、何時までに帰ってくるかという門限がテーマになります。わたしは遅く帰ってきたら、なにか「よくないこと」が起こるんじゃないかといつも心配していました。

ある土曜日のことです。

一六歳の娘には彼氏がいます。二人で夜、出かけていきたい。娘は一二時にはかならず帰ってくるからと言いました。わたしは内心一一時のほうがいいと思っている。そこで家でいろんな〝討論〟がなされました。その結果、「一二時きっちりに帰ってきなさい」という結論になりました。

わたしはベッドに入りました。奥さんは、もうぐうぐう寝ていたんです。でもわたしははっと一二時五分前に目が覚めてしまいました。階段を降りて娘の部屋に行きました。ドアを開けると――ベッドは空です――一二時一五分まで待っていました。何も起きません……。

わたしは気づきました。これは、父親と娘の関係だ。

わたしは自転車にのりました。そして町に向かって走っていきました。若者が集まるカフェバーがあったのですが、彼女がよくそこに行っていることを知っていました。わたしは、そこに向かったのです。着きました。でも扉のまえではたと立ち止まりました。


入ろうか入るまいか――

娘をカフェから連れ出そうか、やめようか――

どうしよう？

わたしがそのように考えているとき、とつぜん、娘が彼氏と出てきました。一二時二〇分でした。

大慌《あわ》てで自転車をやぶにかくし、植木のかげに隠れました。娘は気づかないで彼氏と行ってしまいました。わたしはまわり道をして急いで帰ってきました。もうだいじょうぶ、いずれ娘は帰ってくるだろう、わたしはベッドに入ろう。かならず帰ってくるだろう……そう思ってわたしは眠りにつきました。

しかし三時半、わたしはまた目を覚ましてしまいました。彼女の部屋へ行くと……

いません!

なにか起きたにちがいない!

わたしは玄関に飛び出しました。そしてドアを開けようとした瞬間、娘とボーイフレンドが玄関のまえでなにか話しているのが見えました。なにか話をしていた。

どうしよう？

よし、もう、じゃあ、ベッドに入ろう。わたしはドアを閉めました。彼女はわたしの約束を守りませんでした。

でもそこで、わたしが叱《しか》ったりしてしまったら、どうだったでしょう。

いま彼女は三五歳になったので、最近、あのときの状況をきいてみました。あのときのお父さんにいったいどんなアドバイスするか。娘は話を聞きながら、涙を流して笑いました。どんなに笑ったことか！

そして言いました。わたしはお父さんのことをよく理解できるわ。でもほんとうにそのときそうしてくれて、叱らないでくれてほんとうによかった。

これは、解決できない問題です。

わたしたち親はいつもこどもを心配している。しかしわたしたちは、彼らを支える。しかしその自由の境界線をわたしたちは知らないといけない。時間とともにそのこどもの自由の領域は拡大していきます。

つぎのことを、わたしたちは、親として、またはおとなとして、じぶんの内側に問いかけることができます。

どっちなんだろう?
心配なだけなのだろうか。
じぶんの内側にある、ある感情的なものを
こどもに押しつけようとしているのだろうか。
それともやっぱり、ほんとうに心配しなければいけないのなら、
それはいったいなんだろう。

たいせつなのはどちらにせよ、こどもたちが自立していくということです。それが教育のなかで最高の価値をもっていることです。

気長でいる

子育ての結論？

ほんとうにじぶんの子育てがよかったのかどうか……その「結論」は、いつやってくるのでしょうか。子育てが「うまく」いったのか、いかなかったのか、それはいったいいつわかるのでしょうか。

たとえば、わたしがもし木工職人だったら、「机をつくろう」と考えて、机をつくる。当然ながら、つくりおえたら、わたしはその机を見ることができます。よくできたか、できなかったか、ある程度わかりますね。

子育てに、これと同じことはあてはまりません。親がこどもに働きかけたこと、話しかけたこと、その「結果」を、つぎの日にはすぐわかる、そういうことはないと思うのです。

わたしが一四歳のときのことです。

はじめてハンブルクという街にファーストフード店ができました。

わたしはそこにさっそく食べにゆきました。

そこでわたしはスプーンをとってきました。ふつうのひとの家からはやりませんでしたが、お店にならたくさんあるから一個くらいいいや、と軽いきもちでもってきたのです。デパートだったらやらないけれどファーストフードなら平気だと。家にはスプーンはたくさんあるので、そんな必要はないのですけれど。

さて、ある日の家での食事のとき、そのスプーンをつかってわたしは食べようとしました。父親がスプーンを見ました。「KDエクスプレス」とファーストフードの名前が書いてある。


「いったいなんだい、このスプーンは?

食事が終わったら、お父さんの部屋まで来なさい」


わたしは「あ、なんか言われるぞ」と思いました。

書斎《しょさい》に行きますと、父親が話しかけてきました。

わたしはその父の話を通して、よい人間になりました——とは言えません。それを前もって言っておきたいと思います。

「ローター、このスプーンはどうした。どっからもってきたんだい」

「どっからでもいいだろ」

「盗んだのかい」

「そんな大げさな言い方するなよ。気づかないよ、あんなにたくさんあるんだもん」

「そんなことはどうでもいい、このスプーンを返してきなさい」

「そんなとんでもないこと言うなよ。絶対やらないよ、返しにいくだなんてあたまがおかしいよ」

会話はつぎのようにつづきました。

「なんで返しにいかないといけないのか、

じぶんにはぜんぜんわからない」

とわたしは言いました。

ところで、わたしの父親は、シュタイナーの哲学（人智学）を学んだひとでした。

彼はじぶんの考えを述べました。

「地上でするすべての行ないは、それがよい行ないであれ悪い行ないであれ、精神界に反映されるんだ。人間が悪い行ないをした場合も同じように、同じことが精神界にも起こるんだ。おまえがスプーンを盗んだら、おまえに罰《ばち》があたるとか、そういうことではないんだよ。精神界にヒビが入るんだ。だからやってはだめなんだ」

わたしは言いました。

「そんな変な世界の話やめてくれよ、お父さん。モラルの世界とか。そんなの、じぶんで考えている、変な空想の世界だろ?」

考えてもみてください。わたしは、あのときの話を今、みなさんに何十年後かにしていますが、当時のわたしは一四歳です。そんなことを言われても、なんのことかわかりません。シュタイナーなんかでじぶんを教育なんてできないよ、という態度をとったわけです。

スプーンはどこかにいってしまいました。もしかしたら父親が戻したのかもしれません。父の話もいつか忘れてしまいました。

四〇歳になった頃、ふとあの会話がよみがえってきました。わたしは、やっと何十年後かに、そのスプーンについて、考えることができたのです。

世界でいちばんふかい呼吸

この話は、子育て、教育にとってとてもたいせつな問いです。教師も親も同じです。

わたしはしばらく公立の学校で教えていましたので、大学では、授業の終わりにこどもが授業に集中していたか、試験をするということを学びました。そして、昨日やったことをつぎの日くりかえす、これは確かに正しいです。教師としてはじぶんが教えたことをこどもが覚えているか、すぐに試したいというのは当然の気持ちです。こどもが新しくなにかを学んだことでつぎの日になにかできるようになっていてほしいとだれだって思うからです。

ただ、これはあまりに短すぎる時間の話。試験でわかるのは、こどもが学んだことのうち、ちっちゃな、氷山の一角といったようなことです。

学んだことは沈んでゆきます。

人生すべてがその結果であるということが考えられていないのです。

こどもたちはいつも夜ねむるまえに、

「お母さん、今日もわたしのことを育ててくれてありがとう」

とは言ってくれません。言うはずがないですね（笑）。

もしかしたら、三〇、四〇年後のある日、はじめて感謝するかもしれません。でも受けとれないかもしれない。もうわたしたちはいないかもしれない。

子育ての時間とは、そんな長い長いじかん、ふかいふかい呼吸を生きている、ということです。

奥まで見る

なにが起こったのかな？

娘はよく二歳下の弟をごつんとたたきます。弟は口が達者なんです。娘はうまく反論できないから、かならず怒ってたたくだけ。そしてお姉ちゃんが叱られる。

彼女は、学校からもよく泣いて帰ってきました。やっぱりくやしいことがあっても、ことばにできなくてお家で泣くだけ。

でもある日、担任の先生から、今日学校で彼女がすごく怒ったんです、と言われました。様子をきいたら、それはきっととてもいいことだと思った。彼女の場合は、怒ることでじぶんをそのとき、はじめて守ったんだと思いました。

だからその怒りは心配しなくていい、むしろうれしいことだと。「みんなのいるところでそんなに怒ったりしたらだめでしょ」と言わなくてよかった、と思いました。

できごとのちょっと奥、内側で起こっていること

――その場の、そのときの、その子との関わりのなかで、はじめて見えてくることってありますよね。

けんかが起こりそうなときは、はじまる一瞬手前、雨がふりそうだな、というときのようにちょっと見る。もちろん遠くで起こったら見ることはできませんが、近くにいたら、ほらおいで、向こうで遊ぶんだよ、とばらばらにすることもできます。

お姉ちゃんが口べたで、ついたたいてしまうんだな、弟は弟で、お姉ちゃんを挑発《ちょうはつ》するところがあるんだな、と、けんかの「うしろ」をあとから見るのも役に立ちます。今度けんかがはじまりそうな瞬間に気づきやすくなるから。もしかしたら、二人がけんかをすることは悪くないかもしれませんよね。

環境としてのおとな

わたしたちおとなは、つぎのような考えに慣れてゆく必要があるでしょう。

それはわたしたちのすることが、なんらかのかたちでこどもに深くはたらきかけているということ。意図することも、しないこともふくめてです。わたしたちは、こどもの環境なんですね。

そして、こどもは、ことばではなく、その働きかけに、すなおに反応しています。それはよい作用も悪い作用もまったく同じです。

だからといって、みなさんにここでショックを与えたり、心配させたいのではありませんよ。みなさんは、一日中ずーっとこどもに「してはいけないこと」をしているわけがないですし、みなさんだって、たのしくて笑うことがたくさんあるでしょう？　いつのまにか喜んでなさっていることが思う以上にたくさんあります。なにかからこどもを守ってあげています。

みなさんが、子育てのうえでなにかを「うまくできない」と思っていても、「いつのまにかできている」ことだってたくさんあるのかもしれない。それは自分ひとりで決められないことなんだよ、ということ。そういうことも含めて申し上げています。ある意味で、あたりまえのことを言っているだけなんです。

こどものふるまいのなかに、じぶんの行ないをみつけられるか。

ここに親や教師の「おとなの学び」があるのだと思います。こどもたちの行ないのなかに、わたしたち自身が映っている。そこに「おとなの学び」の可能性がある。

もしも何か、まちがったとか、失敗したということがあっても、だいじょうぶです。だってそれをすっかりみとめる気持ちさえあれば、そこから「学ぶ」ことができる。それはわたしたちを自由にしてくれるのですから。

ほんとの声を聴く

ある家族の、こんな場面に居合わせたことがあります。

友人の家でひらかれたパーティに参加しました。ホストの彼は自然派の医学、ホメオパシーの専門家として知られるお医者さんでした。パーティには、その家の一二、三歳の男の子も参加していた。

ドイツの家でひらかれるパーティでは、夕暮れにさしかかる頃までたくさんお茶を飲みます。シュタイナーのナチュラル志向の家だったのでアルコールじゃなくて、リンゴジュースを仲良くみんなで飲んでいた（笑）。しばらくして、ジュースのケースが空っぽになったことがわかりました。

父親が息子に言いました。

「地下にあるジュースを二ケースとってきなさい」

するとと息子は言いました。

「オレにジュースをもってこいって？　おまえがもってこいよ」

一同カタマリました。父親の首すじの血管がぐぐぐぐとふくらんでくるのがわかりました。父親としては、この場が台無しになったらかっこわるい。友人はお父さんとしてどうするのかな、どうするのかな？とわたしはどきどきしました。静かに地下に行ってじぶんでもってくるのかな？　それとも人前で見せつけるように叱りつけるのか、それともパンパーンとたたいてしまうのか……

さて、はりつめた空気を破ったのはお客さんでした。お客さんが地下に降りて、とってきたのです（笑）。

目に見えない風船がいつ割れるかわからないというようにふくらんでゆきます。そしてぱちんとはじける。家族のなかで、ときに、こんなことが起こります。こういう緊張感は、この瞬間に生まれたのではなく、背後にストーリーをもっています。

最初に申し上げたように、この父親は高名なお医者さんでした。しかも男の子の下には勉強のよくできる妹がふたりもいた。さて長男は、といえば、学校で問題ばかり起こしている。勉強ができない、宿題を忘れる、そしていつも先生が怒っている！　父親からすれば、「長男がいちばんしっかりしていなきゃいけないのに。勉強ができないんだったら、リンゴジュースくらいもってこい！」——そんな気持ちがことあるごとにぐつぐつ湧いていた。

友人は、こどもたちといろんなことをいっしょにするよい父親でもあったのですが、「あれをやれ、これをやるな」と命令するようなところがありました。奥さんは夫とけんかをしたくなかったから、いつもそれを引き受けているように見えました。お母さんと息子は、よい関係だったと思います。

少年の唯一《ゆいいつ》の可能性はなんだったでしょう。

彼はとてもうまいやり方で、じぶんはお母さんのようにはいかないぞ、召使《めしつか》いじゃないぞ、と伝えたのです。父親とマンツーマンのときではなく、お客さん——観客のいるところで挑発《ちょうはつ》した。お父さんは、

「メンツ」を大事にするひとだ、だから、この〝ボクシング〟の会場では、じぶんはぜったい勝つ、ということを少年は知っていました。実際、いつしか彼は立ち上がって消えていきました。

でも、後日おなじようなことが起こったとき、友人は息子をたたくしかできませんでした。

どのようにこどもたちは、わたしたちに反応するか。
ひっこんでしまうのか。でっぱって攻撃的になるのか。

彼は、本当はお父さんに別のことが言いたい。

叱ることに意味がないのではありません。ただ、こどもの口ごたえにおとなが「反応」するだけでは、本当につたえるべきことはとどかない。それればかりか、そこに見えかけた問題をさらに見えづらくし、こじらせてしまうだけかもしれません。

こどもは、おとながじぶんの感情でいっぱいになって叱っているのか、こどもに伝えるべきことがあって叱っているのかをぱっと見分けてしまいます。前者であるとき、お父さんがよっぽど怖くなければ、こどもは言うことをききません。

背後、奥を見る

ということ。できごとには外側、表面があります。その表面にあるものをつらぬいて、こどもの内側で起こっていることを見る、ということ。でもわかっています。まさに、おとながもっていたこの眼が、現代において失われつつあるということを。なぜ、そのまなざしが衰《おとろ》えてゆくのでしょうか。

内側を育む、ということが、おとなにとってもむずかしくなってしまった。できごとの奥にある見えない部分を受けとるということ。どうしたらそれが見えるようになるでしょうか。

「ではどうしたら?」と「方法」をいそいで考えるのはちょっとやめてみましょう。ただその「問い」といっしょにいてみましょう。

荷物をもつ

じぶんはいまどんな親なんだろう。

わたしは六〇歳の誕生日に、こんな体験をしました。

わたしはいちど離婚を経験しています。最初の奥さんとのあいだにはこどもが五人いました。このこどもたちを、誕生日に招待したのです。

たくさんのアルバムを用意して待ちました。家族の時代のアルバムです。わたしは朝までこどもとアルバムをみながら、小さい頃からの思い出をひとつひとつたどっていきました。

こどもたちが言いました。父親と母親の関係がおかしいんだろうなあというふうにいつから気づきだしたのかということを。

こどもたちは、まったくわたしを責めてというわけではありませんでしたが、わたしは驚きました。どれほど彼らが目覚めてわたしたちの関係のことを感じとっていたかを知りました。誕生日はさまざまな意味でかけがえのない一日でした。

いま、じぶんはこどもにとって、どんな親なのでしょう。わたしの下で、どんなふうに感じているのだろう。すこしこころをゆったりさせて、そんなことを思うとどんな気持ちになりますか？
シュタイナーはこんなことを言っていました。

わたしたちおとなは、こどもにとって「環境」にすぎない。すべての教育は「じぶんを教育すること」なのだ――

「じぶんを教育する」とはどんなことでしょうか。この言葉は、わたしにとっていまもひとつの問いでありつづけています。
そしてわたしは彼らにとってどんな環境でしょうか――そのことを感じとろうとするとき、じぶんのこども時代を思い出すということは見えないかたちでヒントを与えてくれます。わたしたちだってこどもでしたから。

親は、わたしの背中のリュックサックになにを詰めてくれたでしょう。

遠足に行くまえの日にいろんなものを用意しましたね。なにを感謝するでしょう。反対側から問うこともできます。

当時の親とのあいだで、
まだじぶんが克服していないことはあるだろうか。

人によっては、よいことばっかりではなかったな、リュックサックがちょっと重たかったなということがあるでしょう。

親は、わたしたちと同じように（?）こどもによいものも、そうでないものも与えてくれました。それはどんな親もかならずそうです。シュタイナー教育の専門家だってそうです。わたしたちは「かんぺき」ではありませんから、シュタイナー教育だから「かんぺきだ」と言うのもおかしいですよね。わたしだけは違うわよ、とみんな思いたいものですが、そんなことはないんですね。

じぶんの親をおもいだす。

「こどもがどのようにわたしたち親を感じているか」をかんがえる始まりは、「わたしたちがどのようにじぶんの両親を感じてきたか」ということとつながっています。そこから始まります。

親は、こどもとの関係において、じぶんのこども時代に克服《こくふく》していない問題を、無意識に取り出してしまうことがあります。わたしたちは、ついそれをやってしまうものです。それが目のまえのこどもを感じることをむずかしくしてしまう部分があるんですね。

ついあたりまえのようにたたいてしまう、
感情的なこどもを見るといらいらしてしまう、

――それはもしかしたら、じぶんが親からよくたたかれていたからかもしれませんし、じぶんがわるい感情を抑え込むように親の前でがまんしてきたからかもしれません。だからといって、わたしはそれはよくないことだからやめるべきだ、と大きな声で急いで言っても力になりません。なにか急いで分析しよう、とか、そういうことではないのです。ただ、すこししずかに、こどものときの感覚を思いだしてみます。

こども時代の環境もまた、たくさんの人間の関係が網《あみ》の目のように織りなされていたはずです。いまだからわかることもあるでしょう。

たとえばお父さんが厳しかった。下には勉強のできる妹が二人もいた。ときにたたかれた。そしてお母さんは、じぶんと父親のあいだを行ったり来たりして不安そうにしていた……そのときの表情、じぶんの心細い気持ち……

こどもは、そういう関係のただなかでおとなになってゆきます。冒頭のわたしのこどもたちとの話のように、「そんなふうに思っていたなんてちっとも知らなかった」ということが、みなさんのご両親にとってもたくさんあるかもしれませんよね。親はえてして必死ですし、忙しいですし、じぶんのやっていることが〝実際〟にこどもにどのように感じられているかまでなかなか気持ちが及びません。

いろいろなお母さんたちとお話するなかで、そんなふうにじぶんの親との問題が克服されていない、という方がたくさんいらっしゃいました。では両親のところに行って話し合いをしようか、では亡くなっておられたら、もうどうしようもないのか、別の可能性があるのか……。

もちろん、人生にはいろいろなことがあります。わたしもすこし知っています。

でもここでまず言えることは、わたしたちはこども時代とは「違う段階」にいるということです。ですから親御さんとの関係をじぶんで克服したとき、はじめてご両親に会いにゆくことができるとわたしは思うのです。

親がこどもに、影をまったく与えないなんてことは、生きているかぎりないでしょう。わたしたちだって人間です。影のない状態があると思い込んでしまうことはかえっておかしなことだと思います。その影を拭《ふ》きとることが目的なのかどうか。ないふりをしたら、かならずべつの場所から現れます。これはかならずそうなんですね。影は光を見るためにあります。むしろおとなが学ぶべきは、影をじぶんのなかから追い出さない、影といっしょにいることだと思うのです。

さて、「親との間でわたしにまだ解決していないことがあるだろうか」とじぶん自身にたずねたとき――「ああ、まだこの問題が解決しないで〈ここ〉にある」と感じられたら……まだじぶんの心のなかはその問題でいっぱいだということになったら――

わたしたちおとなが最初に持つべき「ひとつのこと」は、このじぶんのなかで解決していない問題を、じぶんのこどもたちにふりまかない、ということです。境界をこえて、こどもに無自覚につたえないように、立ち止まるということですね。

じぶんの親との問題にかぎらず、じぶん自身のこと、夫婦のこと、いろいろありますね。問題が重いときは、だれかに手伝ってもらったり、助けてもらうこともきっとできます。いまそれがむずかしくてもなんらかのかたちでその道をさがしだすことがきっとできます。ただたいせつなのは、いずれにしても

その相手はこどもではない

ということなのですね。こどもはお母さんもお父さんも大好きなので、助けてくれようとします。お母さんが元気なほうがうれしいからです。でも、こどもにはすでにこどもの、じぶん自身の課題がある。親の荷物をせおうには彼らはとてもちいさくて、そしておとなよりずっと感じやすい。そのことをおとなは忘れがちなんですね。こどもに必要な空間をあげてください。

親とこども、そこには境界があるのです。

どうしたら、おとなは、じぶんでじぶんの荷物を荷なえるのだろう。――そういう疑問が湧《わ》いてくるかもしれません。荷物があまりに重くて、ちょっとどうしようもないというときは、助けを呼ばなくてはなりません。専門家もときには必要です。そのとき、パートナーの助けを得られない方は、こどもにもだれかじぶん以外の話し相手を探してあげてみてください。もちろんそれがかならずしも簡単だとは思っていませんが助けを呼ぶということは、おとながこどもにできることです。

生きているとときどき、じぶんのしていることが全部まちがっている気がするときがあります。わたしもそのようなときがありました。でも孤立してひどい状況でも、いつも新しいものが生まれる。ときどきはなにもしないほうがいいこともありますけれど、目覚めて状況を見るということ。すべてプロセスである、ということ、その考えをもつことはきっと力になります。十年たったら、それでよかったんだということがあります。だいたい人生は、悪い経験からもっとも多くのことを学びますよね。

じぶんで克服する、「じぶんを教育〔かたちづくる〕する」、それはいったいどんなことなのでしょうね。

3

こどものじかん

生まれてからの一〇年ほど

成層圏と散歩道

わたしのいちばんうえの娘に今、三歳の女の子がいます。オーストラリアのシドニーにいるのですが、こどもといっしょにドイツに遊びに来たいって言うんです。だって三歳までは飛行機タダなんだものって。確かにそれはいい考えかもね、といいつつも、たぶん三歳のこどもは、成層圏《せいそうけん》を飛ぶより近くの公園のほうがよっぽどたのしいかも……。

三歳はどんなことに興味があるのでしょうか。シュタイナー幼稚園の先生にきいてみたことがあります。幼稚園の先生は、「毎日同じ散歩の道を通ること」と言いました。

最初この道を歩いて、ちょっと森に寄って、この信号の横断歩道をわたって森に入り、そして幼稚園に戻って来る……毎日毎日です。とても驚かされるのは、おとなだけがそれを退屈だと思うということ。こどもたちは毎日、同じ道のりで新しい発見をしています。おとなたちの課題は、そのことに気づき、「ふたをしない」で発見にかかわる注目をちゃんとさせてあげるということだそうです。

こどもは、おとなとはちがう、より新鮮な世界を生きているということですね。


こどもはまわりをどのように感じているんだろう？

この問いに、おとなたちはどう応えてきたか。

シュタイナーの場合はどうでしょう。ここでは彼のまなざしを借りて、生まれてから小学生にいたる世界と経験のありようを、すこしたどってみましょう。いわゆる「気質」のお話なども含めた全体をしっかりお話するのではなく、ほんのすこし日常的な場面に即してその特徴をご紹介するというかたちですすめてゆきますね。基本的な考え方がたいせつだと思います。

学校にあがるまえの小さなこども時代に目を向けてみましょう。

こう言うと、もうその時代は残念ながら終わっちゃったもの、という方もいるかもしれません。とはいえ小学生のこどもは〇歳から七歳のあいだの経験を土台にしています。流れをつくる要素を知ることで、じぶんなりに考えることができるようになるでしょう。

シュタイナーは、ひとは七年周期で成長すると考えていました。

わたしたちおとなは、そのときどきのこどもを、どのように手助けしていったらいいのか。またはむしろ、どんなことを〝邪魔しない〟のがいいのでしょうか。

○才〜ここはどこなんだろう?

○歳から七歳までの課題は、こどものからだがどのようにまわりの世界に向かってひらかれるのか、ということです。
簡単な言い方をしますと、生まれたばかりの赤ちゃんは、からだがじぶんのなかにこもっていて、世界のほうに開いていません。

ちょっと大きくなると、赤ちゃんは、なにか手をつかってものをつかむことに、とても熱心に取りくみますよね。外側の世界に向かって手をのばしてゆくのです。つかめると、とってもうれしそうです。最初は口でいろんなものをつかまえ、それが「手」へと代わります。おとなが指を出すと、それをつかんでもう離さない！

整えられた食卓にこどもを座らせても、いったんフォークをつかんじゃうとなかなか離しません。ゆらしてぶんぶん叩く。つぎにスプーンを見つける！　とたんに、もうスプーンしか目がない。フォークはどこかにいってしまう。

つぎの段階では、フォークを落とす。

そして落としたフォークを「見る」。

みっつめの段階、フォークをつかむ。そして他の人に渡す。じつはこのとき、とても大きなことが起きています。

ほかのひとに渡すということ。

おとなたちはこのことを日常的に意識してやっていませんが、「渡す」というのは社会的な行為です。取る、もらうということは、じぶんのみの行為、渡すときには、そこに他人へ向かうベクトルが生まれます。

では、渡すとき、なにを学んでいるでしょうか。それは

手を「開く」ということ。

「開く」ということにたいせつな要素が見つけられます。

手を下に向けて開くと、当然ですが、ものは落ちてしまいます。渡すときは、手はものが落ちないように、てのひらがうえをむくように回転して、そしててのひらが開かれます。

このように手が開けるということは、同時に、まわりからなにかを受けとれる準備ができたということでもあります。

なにかプレゼントをもらうような仕草《しぐさ》ができるということ。

この「開く」という仕草、これこそが、〇歳から七歳のあいだに学

ぶべき内容です。このからだの動きに象徴《しょうちょう》される要素が、まさにのちの社会的な能力の基盤になってゆくのです。

おはよう、左手くん！

小さなこどもは、起きてから寝るまで、ずーっと動いています。だから横になって寝ている日曜日のおとなというのは、こどもにとっては「残酷《ざんこく》な」存在なんですね。がまんならない（笑）。わたしが横になっていたら、こどもたちがやってきてわたしのおなかにのっかってぽんぽん体操をしはじめます！

動くことによって、彼らは世界にどんどん触れてゆきます。触れるという触覚の体験では、からだはかならず、世界との境界に接します。幼児においては、これはいくら強調してもしたりないほど重要なことです。なぜならこどもたちは、

触覚から「安心」、守られているということを体験する

からです。

「触わる」ということは、じぶんのまわりに対する安心——じぶんのまわりにはなんらかのものがあり、それに接し、触れることができる世界がある——という安心を意味します。お母さん、お父さんがなにげなく、おんぶやだっこをしていた、その出来事は、こどもの側にたってひっくりかえせば、ひとつひとつ世界に触れている経験だったんです。

まどろむように生まれてきた人間が、外の世界にたくさん「触れて」「動き」を通して内と外の「境界」を体験していく。じぶんのからだを実感していく……。

わたしたちおとなは、そんなのあたりまえだと感じていますから、奇妙に聞こえるでしょう。しかしこども時代は、「このからだはじぶんのからだなんだ」と体験できる必要があるとシュタイナー教育では考えるわけです。

学校で、朝、生徒とこんな練習をしたことがあります。おはようとあいさつをしてから、じぶんのからだ——じぶんの手や脚にもあいさつするんです。

「おはよう、あたまさん！」
「おはよう、右脚さん！」
「おはよう、左手くん！」

……というふうにからだの場所をひとつずつ感じとっていく。神経が通っているのだから、わざわざあいさつしなくても、とおっしゃるかもしれませんけれども……すみずみまで行きわたっているか、というとそうでもない。からだがほったらかされているおとなもいっぱいいます。

シュタイナー学校には、「フォルメン」（かたちを描く）という授業があります。「フォルメン」授業のひとつの役割は、こういったころとからだの結びつきを深めてゆくことを課題としています。シュタイナーに特徴的な授業なので、イメージをつかむ例をちょっと体験してみてください。

たとえば、ふたりのひとが向かい合い、ある形をなぞるように歩きます。ひとりのひとの歩行の動きに対して、向き合ったもうひとりは、鏡うつしのかたちの動きになるように歩く。ある人がうずまきをなぞるように歩いたら、もうひとりの人は、まるで鏡にうつった人のように動く――ちょっとどなたかとためされると実感できると思います。

――さて、じぶんに集中しなくてはならないことがわかります。

しかし一方で、目は、相手、向こう側をしっかり見なければならない。これをからだ全体の感覚を澄まして行ないます。

じぶんをしっかりもちながら、他の世界、人の世界を知覚する。

こどもの成長にとって、これは本質的なことです。

なにを育もうとしているのか、ということをまずご理解いただくのがたいせつだと思いますので、実際の授業よりかなり単純にお話ししました。
こどもが授業に集中せず、ざわざわとしているとき、わたしはドイツ語の細やかな発音の違いをつかったことば遊びを彼らのまえでしたりします。すると彼らは興味をもって集中し、だんだん静かになります。はっきり先生のほうを見るようになります。反対に歌を歌ったら、こどもはほがらかになり、じぶんの中から外へ出てゆきます。内に向かう動き、外に向かう動き、どちらかにかたよってもだめなわけです。ことばの教育と歌の練習は、こどもにまったく違うものをもたらします。

こころをからだのすみずみ、
おなか、ゆびさき、つまさきまで
行きわたらせるということ。

それが幼児から小学生、とりわけ低学年までは中心的な課題です。

じぶんの中心をつくる

小さなこどもが歩けるようになると、ちょっとしたものにのっかって、わたっていきたがります。こどもは、丸太のうえだとか、なにかとでこぼこしたバランスをとるところを歩きたがります。まるで、でこぼこ中毒みたい。なぜあんなことをしたがるのでしょう？

平衡《へいこう》（バランス）感覚を通して、こどもたちは、「じぶんのなかにじぶんがいる」ということを体験することができるんです。これはとても深い人間的なことといえます。ゴリラもチンパンジーも、からだの全体は傾《かたむ》いていて、重心がからだの外側にあります。人間は、からだの中心が、からだのなかにある。これは直立歩行する人間に唯一の特徴なんですね。

○歳から七歳までのからだにおける平衡感覚の習得は、じぶんの内側をしっかり保つという内的な力に変わってゆきます。さらには集中を要する思考の前提となっているとも言われています。

ある授業で、お手玉をあたまにのせて歩く練習をしているこどもたちがいました。毎朝四週間お手玉をのせて歩く！「お手玉なんてのせてないで、勉強でもやったら？」と心配になるかもしれない（笑）。しかし、じつは、これだって、ある意味では勉強と関係があるのです。動きをつかさどる感覚器は、のちの計算能力に、じぶんの位置を感じとる感覚は、のちの幾何学《きかがく》の能力をひらいてゆくための基礎になってゆきます。さらに時間の感覚をひらき、発達させてゆくための基盤にもなってゆく。

体育、算数、音楽、と、からだもあたまもこころも、まったく別々のことのように思われていますが、そうではないとシュタイナー教育は考えるのです。つながっているということです。逆に、教科の勉強のなかに、その教科とは異なる要素がたくさん隠れてもいます。

たとえば、算数の「イコール」という記号を学ぶとき、イコールという感覚を内的に体験する必要があります。三年生ではじめてハカリが登場するのですが、先生は、両手を左右に伸ばしたくらいの長さの棒《ぼう》を持ってきて、こどもの腕にくくり、かかしのような「てんびん」の姿勢にさせます。左右にいろいろな重さのものをひっかけます。

「どっちが重たい？」「それともおんなじ？」

とたずねます。それが吟味《ぎんみ》できるのは、からだの中心があるからです。この取りくみをするとき、からだの内的な中心がきたえられます。重たいのか、軽いのか、ということを感じとる、内的な中心です。

このプロセスは、ものの重さを学ぶだけではありません。同時に、同じ重さであるということ、「等しいということ（均等）」、「バランス」ということを学んでいるのです。この均等の感覚をもつということは、「自律」の感覚とも関係しているのです。

他律ではなく。自律というのは、観念的なあたまだけの出来事ではないのですね。自律は、まずからだの体験でなくてはなりません。

のちにこどもの知能、知性が発達してゆきますが、それらがやしなわれ、力をもつには、そのまえの段階でからだを動かす必要があるということ。ですから、からだをまったく使わずにあたまをたくさん使うプロセスに入ると、からだと知性がまったく分離した特殊な思考法が生じます。今は少し説明をはしょってお話しますが、この思考法では、現実とじぶんのからだとが、まったくつながっていないものになってしまうということがあります。

シュタイナー教育は、小さなこどもはテレビは見ないほうがよいと考えます。とにかくテレビはだめだ！とヒステリックなかんじで伝わってしまいがちですが、どうしてそのように考えるのかということをご理解いただければと思います。考えが伝わることがたいせつです。それがわかれば、個々のご家庭で、ごじぶんなりの判断ができるようになりますからね。

七歳になるこどもは、いろいろな動きを渇望《かつぼう》している。やりたくてたまらないといったかんじです。テレビがあると、彼らは、すごい集中力で見ますから、ずーっと釘《くぎ》づけ。そのあいだ、からだの動きは封じ込められてしまいます。眼球の動きを固定し、からだ全体がまったく動かなくなる。これを毎日二、三時間こどもが体験するということは、こどもの発達を「邪魔する」と考えるのです。

とはいえ、今は実際にテレビがある。だから、シュタイナー学校にも、小さな頃からテレビを自由に何時間も見ていたこどもが入ってきます。「予防」できなかったことには「セラピー」的に取りくむことになります。たとえば……教室に丸太を置くですとか……（?）。

立っているときにいつもゆらゆらして、両足で立っていないこども。手をぶらぶらしていたり、ポケットにつっこんでいたり。また右利きなのに、左側に近いものがあると利き手でない左側でとったりする。多くの子はからだのまえに右手を交差して、右手でとります。交差をするということがむずかしそうなのです。なんらかのかたちで、このこどもは、全体、左右の調整がむずかしい。この左右の感覚というのは、からだの中心がはっきりしてこないと、明確にならないわけです。からだのまんなかがぐらぐらしていると、左右もぐらぐらしますよね。

ある調査から、ドイツのこどもたちの十パーセント程度に、このような様子が見られるといわれています。なんらかのかたちでじぶんのからだとの関係がもてないのです。外の世界との調整がうまくいかない。一般の研究者たちもこの問題に目をひらき、七歳になるまでの間に十分からだを動かしていないということを発見しています。

さて、さきほどの「丸太」ですが、これはある先生がやっていたことなのです。教室に丸太を置いて、黒板のまえに出てくる生徒は、みんなその丸太を歩いてくるということをしていました。先生はこれ以外にもいろんなアイデアをもっています。廊下《ろうか》に感覚のばらばらな横断歩道を描いたり、廊下そのものが曲がっている学校をつくったり……こういったひとつひとつの取りくみが、テレビに対する「小さなセラピー」ともいえるのです。

こどもがあたまにお手玉をのせた瞬間、非常に静かな集中をしていました。そしてまっすぐ立っていました。このような練習を毎朝四週間つづけます。これは人生におけるどんなときも、どんな逆境《ぎゃっきょう》にあっても自信をもつという内的な中心を養います。

みなさんも、ぜひどうぞ。

七歳～内面が生まれる

就学直前のこどものことを考えてみましょう。学校にあがるには、どんなことが必要で、どんなこどもが「学齢期を迎えた」といえるでしょうか。

日本で授業を見ていたときに、はじめて気づいたことがあります。先生が一年生をまえに、ちょっと複雑な指遊びを歌に合わせておしえていました。教室のまえで先生がやってみせるのを、こどもたちが一心に見ながらまねしていました。

さて、おおくのこどもは、目を先生のほうにずっと向けていました。いっぽう、数人のこどもが、先生を見ていなかった。彼らは先生の手を見ず、じぶんの指先を見ていた。このちがいはなんだろう？

見るこどもは、先生をいっしょうけんめい見て、外の世界にいます。その瞬間、じぶんのからだにたいして感覚がないはずです。じぶんのからだのなかに、それほど入っていない。この状態が、一年生の状態。

では指先を見ていたこどもは？　彼らは先生のことばを聴いていま

した。聴きながら、じぶんの指先の繊細《せんさい》な動きを感じとっています。彼らは、じぶんの「なか」にいる。外側の世界にあまり依存しておらず、いわばすでに「内面化」しているこどもです。外の世界から離れている。（おとなでも同じことが体験できます。他人の動きを見ながらまねするときと、耳で聞きながら従うときそれぞれ「じぶん」という意識はどこにあるように感じられるでしょうか。）

ドイツでも、一年生はアルファベットを学びます。一文字をこどもが書き写す場面で、何回くらい黒板を見るかな？と注意して見てみます。黒板を見ているときは、当然ノートは見ることができません。ノートを見ているときは、今度は黒板が見えません。こどもたちは、何度も黒板とノートを行ったり来たりして、なかなかたいへんな様子で取りくんでいる。

目を閉じても書けるようになる、あたまのなかで、文字を思い浮かべられるようになる、まだ彼らはそれが十分にはできないのですね。

つまり、七、八歳から「記憶力」がテーマになってきます。

聞いたことが内にしっかりと留《とど》められるという能力。

話されたことを、じぶんの「内側」に「受けとめる」ことができなければならないということでもあります。記憶力がないと、学ぶことができませんね。ですから、知的な意味での「学ぶ力」がテーマになる時期です。

七、八歳のこどもに、この記憶するという能力が生まれてきます。ここではっきりしておくとよいことは、「語られることば」というのは、「目に見えない」ということです。学校では、たくさんのことばが話されています。このことばへの態度の変化が、学齢期の目安なわけです。〇歳から七歳までのこどもがお手本をまねするとき、「目」で見ています。「口」で、ことばで説明されても、とまどってわからない。ことばを理解できるということは、目に見えない世界を知覚できる、受けとめることができる、ということなのです。

七歳以降のこどもは、あのことを思い出そう、このことを思い出そうと、じぶんで自由に、思うままにあつかうことができるわけです。文字を見ないでも、暗記して書けるようになる、それはつまり、七、八歳で、内面が独立しはじめるのです。

このごろのこどもたちのからだに大きな変化があります。なんでしょうか？

歯が生え変わるんです。

産まれたこどもの背骨は、最初おとなのようになめらかなS字を描いていていません。しかし、立ち上がるとS字をつくりはじめます。胸からも呼吸できるようになります。土ふまずも、しだいに曲線を強めます。胃も、起き上がることで形を整えます。こんなふうにして、からだはしだいに形づくられます。七歳以後もからだはもちろん変化しますが、このような大きな変化は経験しません。

そして歯が生えてくる。人間のもっとも硬い場所である歯をつくりだすに至るまでの形づくる力が働いており、その達成として歯が現れるわけです。

シュタイナーは、こどもの最初の七年間でからだをつくりあげた力は、六、七歳で、今度は、記憶をやしなう力、学ぶ力に変化してゆくと考えました。この考え方の発見が、シュタイナーの特徴であり、シュタイナー教育の授業の基盤になっています。

こんなたとえで説明できるでしょう。芸術家がねんどをこねて像をつくろうとしている。いつかは作品として完成しますね。完成したら、芸術家は、よかったよかったとポケットに手をいれて満足しきってしまうか、というとそんなことはないでしょう。さらにつぎにすすんでゆこうとするだろう……シュタイナーは、同じように考えたのです。

からだをつくったエネルギーがその役割を終えると、今度は知的な力に変化する。これはとても意味のある考えだと思います。なぜなら、多くのお父さんお母さんが、できるだけはやくこどもが学べるようにしたいと思っている、四歳頃から文字を読めたり書けたりすると、すえは博士か大臣か！と思う。

でも、〇歳から七歳までの知能にかかわる取りくみは、このからだをつくりあげるこどもの力を、あたまのほうに使ってしまうことになります。だから、〇歳から七歳までの間は、漢字や計算といった知的な教育はいらないよ！

こどもは空気のなかに飛び出せ！

とシュタイナー教育は考えるわけです。
こどもといっしょに散歩にでかけて、いっしょにでこぼこ道を歩こう、リビングルームで小さな学習教材で遊ぶより、そうしませんか、と。

このあいだ、日本のお母さんから乳歯の一部が生え変わらないこどもが増えているという話を聞きました。ドイツでも、あごがとてもせまく、すべての歯が生える場所がなく、横から生えてきたりするという現象が指摘されています。これは、小学生とかかわるわたしたちが、「セラピー」という観点をもたなくてはならなくなっていることを示していると思います。セラピーは、ある観点からは、教育とは違うプロセスだとわたしは考えます。これは、起こったことに対して「さかのぼっていく」働きです。わたし自身の実感では「教育」は「まえもって感じとる」ことのなかにあります。違った表現をするなら「予防」が課題といえます。永久歯が生えないという現象については、十分に検討した考えではありませんが、あまりに早い知的な教育が、こどもの歯をつくる力を奪っているといえるのかもしれません。

〇歳から七歳は、からだをつくるということが最優先です。でも、先進国のおとなは、このことがとにかく待てないんですね。これはグローバルな問題です。わたしたちおとなは、将来の学歴などの点で心配だからということで、あまりにも早くこどもに要求しはじめます。

でもわたしは申し上げたいと思います。現代の先進国において、

遅すぎるということはない

ということ。先生や親が、たくさんの問題を語りますが、それらの「原因」として言えることは、むしろ、

はやすぎるということ

なんです。

九歳〜じぶんがはじまる

九、一〇歳からはこどもははっきりとした世界との新たな関係を持ちだします。このときから、こどもたちはじぶんの道を、じぶんで、彼らのやり方で歩もうとしはじめます。

だいたい三年生くらいでしょうか。わたしの家では何度も経験したことですが、ある日、こども部屋の扉のまえに四角いプレートがぶら下げられます。クレヨンで、「三回ノックしてから入ってきてくださ い」などと書いてあります(笑)。「簡単に入ってくるな」と言うわけです。それは上のお兄さんたちも同じ、気安く入ってはいけない。しかもですね、父親の場合は、「タンターンタン」とノックしてから入らなくてはならないんだそうです。これがはっきりとわたしに距離を置いている、ということになりますね（笑）。

こどもは最初、周囲にむかってじぶんをいっぱいひらいています。小さければ小さいほど、外の世界により依存しています。お母さんもお父さんもだいすき。その状態から、じょじょに時間をかけて、外の世界との間に「境界」が生まれます。じぶんと外の世界との間の門が閉まってゆきます。

最初は、たとえば、スプーンで小さいこどもに食べさせてあげようとすると、「いやだ」と首をふって口を開けない。ファンタスティックじゃありません？　反抗期です。

「いやだ」と言うこと。

すべて「やる」という子より、よっぽど興味深いです。レボリューションです。じぶんのなかにあるものを主張しているのです。そしてこれはわたしたち親、おとながもっとも好まないことのひとつです（笑）。

さて、さらなる九歳、一〇歳の前後で、かなりはっきりとした変化の時がやってきます。部屋の扉にプレートがぶら下がる。そこでこどもは非常に明確なかたちで、まわりの世界とじぶんとの間に距離を置くという時期です。

わたしはじぶんの一〇歳の時を覚えています。

切手を集めはじめたんです。わたしの宝は、三角形の切手でした。美しいチョウが描かれていました。この切手に記された地名がどこの国のことなのか、わたしは知りたかったのです。両親の世界地図を借りて見てみましたが、見つかりません。先生にも聞いてみましたが、先生も知りません。わたしは若者の雑誌に手紙を書きました。何週間後かにお礼とともに手紙が帰ってきましたが、彼らも知りませんでした。ただ、そこに、切手収集家の連絡先が記されていました。わたしは彼と文通をすることができ、しかも切手を交換することができた。けれどやっぱりそれがどこの地名なのかは結局わかりませんでした。

ポケットのなかは、こんなことやあんなことでいっぱいになりはじめるかもしれません。それはまるで全世界が男の子のポケットに入っていうとでもいうような。さびたクギだとか、なにかの道具や石ころなどなどなど…わたしが今言った例は、じぶんの経験もふまえた男の子の例です。女性のみなさんは、いかがだったでしょうか。

なぜこの話をするかと言いますと、一方においては、親の世界から少し離れて、じぶんを閉じはじめるということです。

「ここにじぶんがいて、世界は向こうにある」

つまりじぶん自身を「持っている」ことに気づく。だからこそ、もういっぽうでは、世界と新しい形で関係をもとうとしはじめる。

ここで小さな問題が起こります。親は、こどもといつもいっしょですから、日常のなかでは彼らのその変化に気づけないことがあるわけです。おとなにとっては、

どのように必要な距離を置くか、

が、テーマとして現れてくるのがこの頃なのです。

この時期のことをシュタイナーは「九歳の危機」、「ルビコン」と呼びました。シュタイナー教育の本にはほとんどでてくるよく知られたことばです。「九歳の危機」、「ルビコン」とはなんでしょう?

もしシュタイナーの全集を読むことができたなら、シュタイナーが「ルビコン」という言葉をさまざまに使っていることがおわかりになると思います。つまり、こどもだけにあてはまるものではありません。

「ルビコン」は、歴史に由来をもつことばです。シーザーという有名なローマの将軍がいます。彼がアルプスを越えて北イタリアのガリア地方にやってきたときのこと、小さな川にぶつかりました。その名前が「ルビコン川」というのです。シーザーはこの「ルビコン川」をまえに決定的な瞬間に立ちました。ローマに行って王さまになるか、またはそれをしないか……そして、よし、川を渡って行け!　ローマの王になる!と彼は決めたのです。「賽《さい》は投げられた!」と。もう川の後ろには帰らない……これが「ルビコン」という意味です。

ということ。じぶんの背中にはすでに壁ができて、もう引きかえせない。一方、目のまえにはどう考えていいかわからないようなものが広がっている。沼地だろうか、台地だろうか、わからない。ただ立っていることはできない。なんらかのかたちで前進するしかできない。

これはある意味でひとつの「危機」です。昔にはもう戻れないのですから。昔の方法ではわからない。先にしか進めない。

どの成長段階も、ある意味では「さよなら」という別離のときがくる。それは昔のこどもの時代からの別れです。彼らはこども時代をあとにしはじめるのです。

この年頃になったら、おとなは、ちょっとずつ、ひっこむ練習をします。反対に言うと、こどもにだんだんと「要求」することができます。しっかりじぶんで家のしごとのどこかを引きうけるように言うとか、宿題にいつも親がついているのではなくじぶんでやるとか、もう迎えに行かないよ、ひとりで帰っておいで、と言うのです。

4

カミナリは
まっすぐ落とす

聖なる怒りのカミナリ

こどもは、ある意味でははっきりとしたイエス、はっきりとしたノーを必要としています。白か黒かはっきりしたことを求めています。

たとえば、息子が悪さをした。わたしが

「ニコライ、おまえがそんなことをするなら、今夜、あのお話のつづきはしないかもしれないよ」

と言う。さて彼はベッドに入りました。わたしは、お話を読んでいいのか、やめようか、わかりません。わたしは「もしかしたらお父さんは読まないかもしれないよ」という、「かもしれない」という言い方をしてしまったからです。徹底《てってい》していませんね。

こどもは、おとなに明確なものを要求しています。

ということは、このような形でみなさんがこどもを〝おどかす〟ときは、はっきりと意志をもって言わなくてはいけません。これは、むずかしい。なぜなら、よくカッカと感情的になっているときに言ってしまうからです。〝おどかし〟で口にした言葉が実行されないとき、ちょっと頭がいい子はこの瞬間を見抜きます。その瞬間にわたしたちの「権威」は風船のようにしゅるしゅるとしぼんでしまうのです。

たとえば、空がごろごろなってカミナリが落ちる。雨が降る。そのあとは新鮮な空気ではありませんか。

その雰囲気を親たちも作らなければなりません。父親として、母親として怒るということは重要だということです。問いは、その後なにをするか。さらに続けるか。かっと叱って、また新鮮になるか。こんなこともおとなは学ばなければいけない。たいへんですね。

そして、さらにそのときの怒りは、

聖なる怒り、
こどものための怒りでなければいけない

ということも付け加えなくてはなりません。じぶんの感情のために怒るのではないということ。この境界はたいへんたいせつです。

なにをこどもに許して、こどもに許さないか、わたしたち親の境界とはなにか。または家庭でやりたい放題やってもいいのか。そういう境界がひとりのひとの「きげん」や「きぶん」に依存する場合、こどもは混乱します。「顔色」を基準に行動せざるをえなくなります。

やっていいこととやってはいけないことの境界が親の感情でゆらゆら揺れてしまうというのはできるかぎり避けたいことです。かんぺきにはできないし、できると思わないほうがいいけれど、このことをわかっておくことはとてもたいせつだと思います。

どこまで自由にさせるかという問い、子育て、教育の中では学校でも家庭でも、はっきりとした境界をしっかり示すことがたいせつです。カミナリはぐにゃぐにゃおとすと意味がわからなくなる。ぜひまっすぐ落としましょう。

ものさしもまっすぐに。

さて、ここからはだめだ、これはやってはならないよ、という境界の示し方は、小学校にあがるまえとあがったあと、それから高学年にさしかかる頃では、変わってゆきます。なぜならこれまですこしたどってきたように、世界、じぶん、ことばの認識自体がどんどん変化する時期だからです。

たとえば四、五歳から一年生頃までは、彼らが言うのは、

「ママが言ったからやる」
「パパが言ったから、やらない」

です。両親は神様の代わり。「お父さんがだめって言うからだめなんだよ」でよいのですね。

五歳のときに外でローラースケートをやっちゃいけないよ、というと、こくんとうなずきます。でもわたしがひっこんでしまうと、またやりはじめます。こどもは、話される言葉に対してまだ意識をもっていないからです。しっかり現れてきたその場のおとなに反応します。だからこの歳の子に「何度言ったらわかるの！」と怒るのは、とんちんかんです。何度言ってもわからないから！

学校にあがると新しい段階に入ります。一年生から三年生のはじめごろにかけては、「昨日と今日をつなぐ」ことができるようになります。ですから、この時期のこどもは、

「お母さんは昨日こう言ったじゃないか」
「先生、昨日とまったく違うこと言ってるよ」
「お母さんはこのあいだ私には怒ったのに、どうして弟にはなんにも言わないの」……

と言いはじめる。つまり「比較する」という能力がうまれるのです。じぶんの中でじょじょにものさしができあがります。このこどものなかの内側のものさしが、おとなと周りの世界に向けられるのです。

わたしが四年生の担任だったとき、こんなことがありました。そのクラスでは、音楽の授業がとにかくたいへん。いつもみんなおおさわぎ。日本のこどもは本当にしずかです。ドイツでは、授業でこどもがしずかだなんて、まずありません。いつもどなり散らすのをがまんしながらやらなくてはなりませんでした。

しかしあるとき、わたしはついやってしまいました。全部がごちゃごちゃにうるさかったから、だれが悪さの犯人なのかわからない。それで、

「今日はもうおしまい、明日みんな居残り!」

とどなって教室を出ていったんです。言ってしまったとき、じぶんで

「じぶんのことを聞いていた」んですが、「しまった、やってしまった」……と思いました。「全員をいっしょくたに罰する」、これはやってはいけないことなのです。なぜなら、絶対怒られるようなことになにもかかわっていないこどもがいるはずだから。それはおとなの方からこどもの境界を壊す行為なんです。

つぎの日、みんなにあやまらなくてはと思いながらクラスに入っていきました。すると教壇《きょうだん》のうえに、手紙が置いてあります。

「シュタインマン先生
先生は、わたしたちの自由時間をうばいます。
われわれはこの居残りの時間に現れないでしょう！
この罰はおかしいからです！」

これが一枚目。二枚目は……すべてのこどもたちのサイン。わたしは教室でひとりぼっちでした（笑）。わたしは「こどもが正しい」と言わなければなりませんでした。

一年生や二年生にはこのようなことは書けません。ここで、彼らのなかにめばえたのは、「正当性」ということです。それはだれかをひいきにしてはいけないということです。それはだれかをひいきにしてはいけないということです。もう一方で「クラス全体を罰するのはだめだ」と言っている。彼らのなかに、内なる境界が築かれつつあることがわかります。相手がおとなであれ、そこを踏みこえてくるものには、ノーと言います、と彼らは言ったわけです。

三年生になる頃から、おとなの理屈抜きの「権威」が当然のものではなくなります。叱られるときも、おとなの側に筋が通っているかどうか、じつは厳しく「チェック」しています。その一貫性にこどもはどんどん敏感になってゆき、筋が通っていないと思うものには従わなくなります。怖いから、表面的には従っているかもしれませんが。

ですから、相手がこどもだからおとながあやまったりしたら「権威が失墜《しっつい》する」、なんてことはありませんからだいじょうぶです。もちろん毎日あやまってばかりでは、力がなくなってしまいますが、もうことばのわかる小学生には、まちがったことをしたらあやまります。

それは彼らが人間として受けとる権利のあるものだからです。

ただ手紙をもらったときは、ちょっとちがいました。わたしは手紙をもらって、とってもうれしかったんです。だからわたしは手紙をもらってうれしかったと、伝えました。彼らはよろこんでくれました。

スリッパはおいておく

「スリッパ問題」を考える。

こどもたちとの生活は、朝から晩まで、ささいで小さなことがらの連続です。挙げるときりがありません。わが家の場合は「ランドセルを片づけない問題」「お弁当箱をその日のうちに流しに出さない問題」「スリッパ（室内履）をちゃんと履《は》かない問題」などがあります。

ひとつ解説させていただきます。といっても、ちっとも教訓的ではありませんよ。「スリッパ問題」にしましょう。

お昼頃、学校からこどもたちが母親といっしょに帰ってきます。母親も働いて疲れているけど、すぐに食事をつくらなければならない。もちろん、前日の夜に少し準備しています。リビングのドアが開き、奥さんはキッチンへ行って、コンロに火をつけます。すこしたったら、こどもたちがやってきて、食卓につきます。

さて、ここで、わが家でまだ解決されていない〝教育問題〟がやってきます。

食前に手をつないで「恵みのある食卓を（いただきます）」と言うのですが、しかし、こどもの手をにぎってみると、なにかへんな感触がします。手をひっくりかえしてみてみると、もうべっとべとの、まっくろのきたなーい手、なんです。

「洗面所に行って、手を洗いなさい！」

と言うと、こどもたちは立ち上がって洗面所に行きます。さて、わたしたちがこどもたちの足元をみると〝くつ下〟なんです。スリッパを履いてない（わが家では日本のように靴をぬぐんです）。しかもタイルの床の上、しかも穴が空いている！　スリッパはどこにあるの？と聞くと、弟はきちょうめんなので、すぐに見つけます。しかし娘は、

「わかんない」。

「すぐ探しなさい」とわたしが言うととなりで奥さんが「いいわよ

いいわよ、すぐ食べなさい、あったかいうちに」って言うんです。

さて、食事のあとにひと休み。その頃にはたいがい、スリッパのことはみんな忘れています。ですから、この問題が夕食のときにまた出てくるわけです。

「また履いてない！　スリッパはどこなんだい！」

「わかんない」。

つぎの日もおんなじ（笑）。なぜなんでしょう？　こんな出来事だらけ。「ランドセル問題」「お弁当箱問題」は省略いたします。

わたしたちおとなに、なにができるでしょう？

ある年齢をすぎると「スリッパを履きなさい」と言ったら「いやだ、なんで？　いらないわ。平気だもん」と反抗するようになります。もっとちいさいこどもの頃に習慣をつくっていなかったからです。娘はもう一〇歳をすぎているのにまだ習慣が達成されていない。どうすればよいでしょう。「履きなさい！　お父さんが言ってるんだから！」

と怒る、ということもわたしならあるかもしれない……しかしそれで履くようになるでしょうか？　さて、実践問題ですね。「前もって」考えてみるなら……たとえば、わたしが

朝、しごとに行くときに、
スリッパを玄関のところに置いておく。

娘が帰ってきたら、どこかで、おとながじぶんのことを考えてくれていると感じるかもしれない。もし毎日わたしが実行できたら、こどもを思いどおりにさせたくて怒っているわけじゃないと伝わるかもしれない。それは彼らの習慣にならなければならないだけ。

「子育て」はなにから成り立っているのでしょう。

それは、じょじょにわたしたちおとなが彼らこどもから離れていく、ということです。

見て見ぬふりをする

決まりといたずら

みなさんはこどもの頃、どんな遊びをしましたか。

そのなかで、みなさんはどんな「やってはいけないこと」をやってきたでしょうか。みつかってカミナリを落とされた思い出はありますか。

まるで何もやってないよ、って忘れたふりをしないでくださいね。ぜひ思い出してみてください。それがどれだけじぶんにとって意味があったか。おとながやっちゃいけないということをやったということが。

おもしろいことですが、普通のこどもだったら、けっきょくみんなやるんですよね。「禁止することをやる」のは、内側から湧きだす強い衝動《しょうどう》です。

おとなの世界は決まりばかり。もちろん文化や国によってちがうでしょう。日本の場合は決まりがあまりにも多すぎるので、決まりをやぶるのがもっともっとたのしいかもしれないなあと思いました。

だって、偉い先生、たとえば、校長先生みたいなふんいきのひとにいたずらをするということが、どれほどわたしたちにとってたのしかったでしょう。若い先生で、まるで友だちのようにじぶんに接してくれる先生にはいたずらをしてもつまらない。ぼくも若かったとき、悪さをしたからね、なんていう先生のもとでは悪さしたいと思いません。しかも、偉い先生のもとで悪さをするということは、いろんなことを考えなくてはなりません。気づかれないようにするためにはどれほどの知性が必要でしょう。

さて、それはわたしたちにとってはなにを意味しているでしょう。

こどもの王国

こどもたちはおとなから禁止された空間の中でとても意味のあることをしています。

実際にまったくそこではいわゆる「おとなの教育」が意味をなさない、そういう空間をこどもたちはもっているでしょうか。教育にもまったく違う教育があります。親がそこで関わらないで、こども同士がじぶんでかかわりあう世界での「こども同士の教育」です。

現代は、たいがいの家庭で、こどもが学校から帰ってきたらやることが決まっています。まずは楽器のおけいこ。すばらしい。または、スポーツクラブ。すばらしい。そしてまたは、それだけでも足りない。塾に行かせよう……

ただ、それらを見ていくと、すべて何らかのおとながいて、そのおとなの指導のもとですべての物事がはこびます。

では、いったいどの領域が、こどもが、「さあ、おれたちだけだぞ！　じゃあ、何かやろう」と思えるか。

「なんでもいいんだ！」

という、この空間をこどもたちにあげなければなりません。

その空間のなかに小さな種《たね》があります。その種は自立の種、社会的な力です。こどもは、力の試しあいをします。勇気を試す場かもしれません。まったく信じられないような遊びをします。みなさんはなにか、こんな遊びをしたなあと思い出すことがありますか。

こどもは隠れ家というものを求めますね。だれもこない秘密の場所をつくったりします。そこでともだちといっしょに遊んだり。

わたしも、屋根のうえに板で基地のようなものをつくりました。そこでいつも親友と会っていた。一〇歳のとき、そこで最初のタバコを吸いました。サイコーでした（笑）。タバコをおすすめしているわけではありません。もっとたいせつなことです。

ともだち同士でけんかをしたり、仲良くしたりします。競争もします。おとなの関わっていないこどものあいだの競争とはどんなものでしょうか。その競争を通して、こどもは、じぶんと他人の境界を学びます。いろんなことを試します。小屋の屋根からよろこんで飛びおります。

わたしはプールではじめて五メートルの台のうえに立った瞬間のことをよく覚えています。

一一歳か一二歳の頃でした。三人の男友だちといっしょにのぼりましたから、状況的に降りることはもうできません（笑）。でもとんでもなく高かった。

だれが最初に飛び込むの？とみんな一瞬思いました。これはじぶんに対する感覚がとぎすまされるときです。これは人生の辞書に出てくるくらい重要な瞬間です。あの台のうえの三人の男の子たちの内面でなにが起こっていたでしょう。おたがいに押し合うのか。おまえが先にやれよ、そしたら僕がやるよ、と。がたがた震えながらそこにわたしは立っていました。

わたしの親友が、先に飛びおりました。彼は頭から飛び込んだ。

わたしは足から落ちました。

さあ、わたしはどうしたでしょう。もう絶対やらないぞ、となるか、さあもう一度と思ったか――どんなこどもも、親の見ていないこども同士の競走のなかで、こんなチャレンジをしています。このようなこども同士の関係のなかで、意志がやしなわれてゆきます。いっしょうけんめい一輪車を練習している子がいます。ドイツでは乗馬をやっている子もいる。

仲間たちの間でやしなわれたものは、おとなになっても引きつがれてゆきます。そこで学ばれる関係は、平等ということです。

三、四年生くらいのこどもたちは、じぶんでルールをつくりはじめます。ルールは目に見えないものです。その決まりをおとなが決めるのではなく、こどもが決めます。おおむかしから、こどもたちが決めたルールが遊びの中に引きつがれています。こうしなさいといわれたからつくるルールではありませんね。

ここで、相手へのリスペクト（尊敬）をもつ、ということがはじまります。地球上にはじぶんだけではなく、相手がいるということに気づきます。じぶんの意志が受け入れられるときもあれば、ほかのこどもの意志が受け入れられるときもある。お互いの意志がぶつかってけんかになるときの経験は、おとな同士のけんかとは違った大きな意味があります。彼らにとっては、練習の要素があるわけです。けんかをすることを練習し、仲直りをしてまた関係をつづけてゆく、という練習。ですから、おとなは、こどものけんかに気づいたとき、どんなときも止めて、どんなときは止めないのかを区別することはたいせつです。もちろん、それにもおとなの練習がいるんですけれど。

こどもであるということは、
おとなが入ってこない空間をもつということ。
こどものみがもっている空間があるということ

です。

〝禁止〟禁止区域もある。

シュタイナー教育では、マンガをよしとしません。「反マンガ！」

なんです。

でもこどもはマンガが大好き。最近は、日本からたくさん入ってきています。ちなみにわたしは大嫌い！、とはっきり申し上げますね（笑）。

ある日、わたしのこどもが三人で、図書館に本を借りにいって、夕飯に帰ってきませんでした。よくあることですけれど。自転車に乗って迎えに行きました。図書館の椅子に彼らが座っているのを見つけました。

満喫していました……マンガを。

わたしは、これはとても正しいと思った。

二つの世界で徹底《てってい》していない教育じゃないかといわれるかもしれません。あるひとは図書館にマンガなんか置くなと言ってマンガをなくすかもしれません。わたしはおとなとしてマンガはまったくばかげている！と思う。だからわたしのお金からは買わせないぞ。それは、おまえたちのプライベートな領域だといいます。だからじぶんでなんとかしなさい、工夫しなさいといいます。こどもがじぶんで工夫してやるのだったら、いい。わたしはじぶんの教育を信頼する。ちょっとしたコミックだけですべてが台無しになるとは思わないからです。

ただ、現在の問題は、好き嫌いの問題を越えて、メディアを吸収する時間が〝あまりにも多い〟ということなんです。これはやはり問題だと言いたいし、このことについては、考えなくてはいけないことがあると思います。

でも、おとなが準備した家庭や学校の一日の流れのなかで、こどもたちが十分、充実して生きているのだったら、テレビテレビとそこだけを心配する必要はないとも思うのです（マンガもテレビもはわたしは反対ですけど！）。

まちがえる

まちがう権利

わたしの妻は、からだが冷えることにとっても敏感です。こどもが薄着をして風邪をひかないか、ちゃんとあたたかくしているか、いつもいつも気にしています。

いっぽうわたしはそれについては鈍感です。

そんなに気にしなくていいじゃないかと思っている。夫婦の間で衝突することは目に見えていますね。こんなことが、みなさんにもいろいろありませんか。

ぼくはちっとも気にしない、彼女はとっても気にしている。

「ちゃんと着た?」と奥さんは聞きます。僕は「そんなことする必要ないよ、こどもは風の子!」と思っている。言いませんけど。わたしから言わせれば、父親というのは家を空けがちですから、「母親にはまちがえる権利があるんだ!」と思っているのです。

その是非はともかくとして、ここでの問題は「程度問題」です。気にしすぎる、ということ。気にとめなさすぎる、ということ。どこまでやることがやりすぎなのか――どこで判断するか。わたしの場合は、じぶんなりにベストを尽くしたいと思っているのですが、なにもしなさすぎる、といえるかもしれません。

いったい何が、どっちが、「正しい」のでしょうか。

いずれにしても、どんな親だって、じぶんなりに正しいと思うことを、ベストを尽くしてやりたいと思っているものです。

この問題の背後には、より大きなテーマが横たわっているとわたしは思います。

これらのそれぞれの判断の背後には、親自身の体験の存在がありまず。当然ながら、親にも、それぞれひとりの人間としていろいろな体験がありますね。ここまで生きてきたあいだに、身をもって、いろいろな体験をしている。そのなかにはひどい体験だって、たくさんあったことでしょう。大きな失敗や過《あやま》ちも。

だからじぶんが経験した、あんなつらい、ひどい、よくない体験をわが子にはさせたくない、と思うのは親として当然です。

わたしがいつかこども時代には人には言えない悪いことをたくさんしました、とお話したら、その瞬間、聞いている方たちがにやにやっと笑いました。みなさんにもいろいろ思いあたることがあるんだろうな、と思ったんです。だれだって、禁じられていたこと、やってはいけないことをしたことがあるでしょう。

でも、そのあと、じぶんのやってしまったことは、わが子にはぜったい体験させるべきではない、とおっしゃっている人がいました。わたしは「あらら、そんなにひどいことだったのだろうか」と思いました。

じぶんはそれをやってしまったけれど、
わが子にはよりよく生きてほしい、
そのようなことをしないでほしい

――その願いは、わが子への愛情から生まれてくる態度です。その態度を理解することはもちろんできます。それに、それがいいとか悪いとか、わたしが決める立場にありません。しかしここにはちょっとした、でもたいせつな問題があると思います。

経験は、その経験をした人だけのものだ、

ということです。

こんな風刺マンガを見たことがあります。父親がこどもに、

「お父さんは、おまえがせめて、お父さんの失敗からなにかを学んでくれることを望むよ」

と言います。するとこどもは

「それはだめだよ、パパ。ぼくはじぶんでまちがえたいもの」

こどもにも「まちがう権利」がある。そのまちがいを、その人自身の人生が必要としているのです。

まちがうことと学ぶこと

まちがいに気づくこと抜きには、学びははじまりません。まちがえることと学ぶことは、深くつながったひとつのプロセスです。
だからこそ、こどもが何かをまちがったり、失敗したりしたら、

どうしたらできるようになるだろう?

と未来に向かっていっしょに考えれば、そこから可能性がひらかれる。
反対によくやってしまうのは、

なんでまちがっちゃったの?!

と過去にむかって問いつめてしまうこと。親が心配になってしまうのですね。

　でも、こどもがなにかをまちがえたり失敗したりしたときに、「まちがえることはいけないことだ、怖いことだ」という印象、さらに「まちがえることはじぶんの価値を損《そこ》ねることだ、失格なんだ」という印象をもってしまうと、次第にこどもはじぶんをありのままに表現しなくなります。世界に向かってゆけなくなるのです。まちがいのないひとはいないから、隠れるようになる。

　どんなこどもも、生まれた頃は、じぶんでやりたい、じぶんで学びたいという強い意志のかたまりでした。

　いちばん下の息子が歩くことを学ぼうとしているときの意欲たるやたいへんなものでした。歩こうとするとお姉ちゃんがやってきて、なぜかぽんと押すのです。するところんと転んで泣くのですが、泣きながらむくむくすぐ立ちあがります。すとんとしりもちをつく、わーっと泣く、むくむく起き上がる、それを四回も五回もくりかえしていました。何回ころんでもたたかれても関係なし！

歩きたい、学びたいという気持ちこそが、失敗や恐れをのりこえさせてくれます。

だから、学びたいという気持ちに「ふた」をしないことはたいせつです。にもかかわらず、学校にあがるとだんだんとこの意欲をなくしてしまう。それはいまの社会にどう受け入れられるか、ということが学びの中心になってしまっているからかもしれません。

もちろん、ある部分ではいまの社会を受け入れてそのなかで生きてゆけるようになることはたいせつです。それは前提なんです。でもいまこれをやっておけば、ということがもしできたとして、明日の社会でほんとうにそれが通用する保障があるのかどうか、このことは考える価値があります。社会はいまのままではありませんし、よい意味でも変わってゆきます。

学力は、イコール競争力ではありませんね。そのことがちょっといっしょくたにされていると思うのです。

たいせつなのは、もし失敗したり、まちがったりしても、いつでもそこから「学ぶことができるよ」ということ。それは「未来を心配しない態度」――「学ぶ力」なんです。

どんな社会であれ、その社会に負けず、じぶんへの信頼を失わずに生きてゆけるということ

です。社会の条件が変わったら、じぶんへの信頼が揺らぐのではないということです。

どのこどもにも、その子だけの唯一の運命があります。みなさんが、わが子の行く道を内側からたどってゆくことは、親にとっては実はなかなかむずかしいことかもしれません。なぜなら、よくも悪くも、親はこどものとても近くにいますから。

なにより親自身がじぶんの「まちがい」をいまだって恐れている。もし「まちがって」しまったら、たいへんなことになる、と思っている。こどもの失敗だけ、あらそう、といって、受け入れられないのは

むしろ自然ですね。でもみなさんの「失敗」「まちがい」は、いまかららふりかえって、そんなに「悪い」ものだったでしょうか。

わたしも、かなりまちがったことをやってしまいました。「失敗」という意味でも、「悪」という意味でも。衝動《しょうどう》や、じぶんのなかのおなかの感情で行動してしまったことがたくさんあります。

でもこのときたいせつなのは、そういう闇《やみ》や「欠点」をじぶんがもっていることにイエスということです。それをおしりの下に隠して、ほんとのじぶんの状態より、なんだか清らかで、すばらしい存在だと思ったところで、こどもは見ていますから安心してください（笑）。

まちがいといっしょにいる。

なにも隠すことはできない。それは役にたたないのです。
だから申し上げたいのです。ひとりのこどもを育てようと思ったら、新しいことの連続です。これまでとぜんぜん違う道のりをゆかねばならない。どうして失敗しないなんてことがあるでしょう。でもだから、わたしはみなさんに、それはまさに「まちがっていない」んだと申し上げたいのです。

おとなだって同じです。「学ぶ力」はおとなを自由にしてくれます。それはわたしたちに「未来を心配しない態度」をおしえてくれます。ある意味で、シュタイナー学校の先生は、まちがえる訓練（?）を毎日していています。シュタイナーは「教育芸術」ということばをつかいます。教育が芸術ってどんなことでしょう？

こどもをまえにすると、なにをどうしたらいいか、ちっとも正解がありません。その瞬間、どんな判断をして、どんな行動をとるか、予期しないことがどんどん起こります……そこから「芸術」が始まる。そのようになる、とはいえない。しかし〝まえもって〟は考える。その「計画」を使わなくってもですね。

さて、いったいこどもたちはどのような反応をするだろう？　わからないわけです。蛇口《じゃぐち》があって「こうするのがいい、こうするべきだ」という答えが出てくるわけではない。でも私は信頼しているのです。ふさわしいときにふさわしい答えがかえってくるって。

でもあとから、まちがえたアイデアだったと思うことがあるわけです。

あ、じぶんのやったことはまちがったと思ったら、その瞬間すぐなおせます。画家が絵を描いたら、絵のなかに赤を加えるとする、それを見て、違う、これはよくないな。今度は別の箇所にみどりをくわえます。こんなプロセスが私のかんがえる「教育芸術」の意味といえるかもしれません。

みなさんもどうぞ、どんどんまちがえてください。それを認め、つぎの色をさがす、そのプロセスがあなただけの「答え」になってゆくのかもしれません。

味方になる

信頼の橋

一〇歳頃のこどもは、はじめて意識してこどもたち同士の関係をつくってゆこうとする時期です。仲間はずれの問題がでてきます。アウトサイダーが現れます。わたしがこどもの頃にもありました。

いつも同じ子が仲間はずれになる。どんなふうに解決できるんでしょうか。そのとき、クラスで話しあうのは意味がありません。なぜならそれはたいへん複雑な心理的な現象だからです。話し合っても、いい結果はもたらさないでしょう。長い道のりになるという認識が必要です。とりわけ、いつも仲間はずれにされているこどもに自己信頼の体験をもたらすには、長い時間がかかります。でもこれは決定的にたいせつです。

グループというものは、いつも、じぶんよりも弱いものに焦点をあてます。弱い動物は仲間はずれになる。非人間的な現実にみなさんもショックを受けるかもしれませんが、そういうことがあります。

直接的にことばで伝えるのではありませんが、わたしからいじめられているこどもに「しんぼうしよう」と伝えます。簡単には解決しないからです。クラスのなかで、特別に社会的なセンスをもった生徒を探し、そのこどもと仲間はずれになっているこどもに働きかけるということもあります。今日仲間はずれにされているこどもの話ではありません。ずーっとそうされているこどもの話です。

いじめられているこどもの親もいつか気づきます。どれほどいじめられているのだろう。ともだちがずっといないの？ ……どうも、ずっとそうだったらしいと、わかる。先生もずっと気づかなかった……なにやってたんだろう、先生は。どうして今頃？

その瞬間、とても不安になるでしょう。いったいだれが悪いんだろう……でもたいせつなのは目のまえのこどもです。

その瞬間、こどもの味方になります。

ここで先生を批判するよりなにより、親として先生にいじめの事実について話さなくてはいけないでしょう。そして「なにができるか」

と考える必要があります。ここからはいずれにしても親なしではその課題は克服できません。

問題が起こってしまったあとは、「セラピー」も必要です。「セラピー」は、こどもたちとの討論ではありません。個々のこどもたちとのおとなの取りくみです。

仲間はずれにされているこどもが、なにか成果を感じる、じぶんがなにかをできる、成功できたよ、という経験をもつことを教師は探します。その子がどんなことが得意なのか、よく見ます。

ぐるぐるぐるぐる仲間はずれの関係は悪循環《あくじゅんかん》の渦《うず》をつくりだし、もうどうにもしようがないというところに至っていることがあります。しかし、そのとき、本当にひとりのおとなが個と個で、そのこどもに関わることができたとき、変化は生まれるかもしれません。

いっぽう、いじめる側のこどもがいます。なかにはすぐ相手をけったり、なぐったりしてしまうこどもがいます。さらには、なぐった相手が倒れ、横になって痛がっているのにさらにずたずたになるまでけってしまう生徒がいます――これは新しい暴力のかたちです。こういったこどもの暴力は、ベルリンでは毎日のようにメディアで取り上げられています。

相手がぼろぼろになるまでけってしまうような未知のレベルの攻撃性、暴力性に対しては、なにが起こっているのか、改めて問う必要があります。〝奥〟が見えにくいのです。ドイツでも関心が集まっています。

その子たちに、ある人がふたつのマークを見せました。ひとつは、いわゆるニコニコマーク、単純な線でにっこりした表情を捉えたよくある顔のマークです。もうひとつはやはり同じ単純な線で捉えた顔ですが、こちらは目も口もつりあがった線で、ぱっとみると怒っているように見えるもの。しかし、暴力をとちゅうで止められなかった男の子たちにこのふたつのマークを見せたところ、それぞれからわきでるニュアンスの違いを明確に理解しなかったといいます。

もし、それが実際その通りなのだとしたら、外側の表情を内面の表現として自然にとらえる感覚が相当弱まっていることになります。このくらいけると大けがになってしまうとか、そういう感触がわからない。おおげさに言えば、人間と、机などの無機物の区別が、ぱっと見てつかめないということです。「内側」が育っていない。

じぶんのこどもが攻撃的で、学校ですぐなぐってしまったりする、心配だというご相談がよくあります。この攻撃性のあるこどもたち、というのは、ひとりひとりとの関わりのなかで、ほんとうによく見なければ、彼らのなにがそうさせているのかわかりません。一般的には決していえない。

親自身が、攻撃的なことを怖れたり、不安に思ってしまうかもしれませんが、必要なのは信頼です。奥を見ること――そのこどもへの信頼を通して、関わりの中でこどものなかに起こっていることを見ることができます。

攻撃性そのものはひとつのエネルギーの発露《はつろ》です。すべて「封じ込める」べきものではなく、ある種の「表現」を獲得する必要のあるものです。ですから教師のできる取りくみとして、たとえば演劇をクラスでするときに、なんらかの形で、そのこどもが攻撃性を表すことのできる場をつくる、といったこともあります。ほんのひとつの例ですが、こういったひとつひとつの取りくみも必要です。それは特効薬的なものから遠い取りくみです。

ねじをまわしたら、攻撃性がなくなる、ということはありません。そのこどもとの関係を築くためのほんとうに長い長いプロセスが必要です。おとながそのこどもと内的なつながりをもつということ。そのための取りくみがどれだけできるかということです。

ほんとに君自身を受け入れるよ、という
こどもと内的につながるおとなが必要です。

攻撃性は攻撃性を受け入れることはできません。信頼を通してのみです。その観点からいくと、親はこどもに近すぎるので、受け入れることがむずかしい場合があります。距離がないとむずかしい。わたしはあるとき、わが子にはできませんでした。だから、別の人がそれを助けてくれたとき、本当に感謝しました。

これもたいせつなことです。いずれにしても、信頼の橋はおとなの課題です。こどもはありのままを生きるのです。それはこどもの課題ではないということです。じゃあどうしたら、と問われるかもしれません。でも、

信頼を得る、ということ。
これには決まった方法は決してないのです。

そうはいっても、あるおとなが、ひとりのこどもとはぜんぜん関係がもてない、と言うこともあるでしょう。じぶんには無理だということがわかる。でもそこで終わり、ではなく、そのおとなは他のだれかを探すというのは、もうひとつの道です。こどもが内的な関係がもてるおとなを探します。だれかひとりでも、おとなの輪のなかから、こどもが信頼できるおとな、向きあえるおとなを探す。

シュタイナー学校は、とくに、教師と親の関係を重視しています。建築家や大工のお父さんをリーダーにして親がトンカチをもって学校

を建ててしまったりするくらいですから、日常的にどれほど親が学校に関わっているか、想像できるでしょうか。もちろん、それぞれの学校によって様子は異なると思いますが、これはシュタイナー学校の大きな特徴ですね。ここではくわしくお話できませんが、これらの取りくみは、これからの教育、子育ての環境を考えるにあたって、ひとつのヒントになると思います。

ただそれでもわたしは、最近気づきました。親のみなさんに学校にもっと関心をもってもらいたいといつも思っていたのですが、反対に教師はいったい生徒の家庭に対して、どんな支えができるのか――と問うてみたことがなかったと気づきました。ええ?!そんな家庭のことにまで、先生が?と思われるかもしれません。

でも実際社会は変化しています。たとえば、ドイツのシュタイナー学校では、いまは一クラス三分の二が離婚を経験しています。合わない、となったら、はっきり別れることが増えています。ドイツでは一般的な状況です。シングルペアレントも多いですし、パッチワークみたいに、あの子のお父さんは、前のあの子のお父さんだ、ということもあります。違う問いをしなければなりません。

　離婚は避けられないかもしれない。でもそのやりとりは夫婦だけでなく、こどもにとって意味があります。

　両親はしっかり話し合いができるでしょうか。こどもたちにその話し合いを通してなにをもたらすことができるのか。

　両親のどちらが親権をとるかでずっと争っている、あいだでこどもが破裂《はれつ》しそうになっている。そういうこどもたちは、学校でいろんな問題を表します。こういった問題を、家庭のことだからということで、そのままにしておくのがいいのか、どうか。

　反対に、わたしの知っているこどもたちのなかで、離婚したあとにすばらしい成長をした子もたくさん知っています。離婚のプロセスが親同士がしっかりやりとりをしながら人間的に行なわれた場合ですね。

　つまり現代においては、家族自体がもう「ふつうではない」ということがあります。だからといってわたしがぽろぽろ涙をこぼしても仕方ありません。違う問いをしなければなりません。

　教師になにかできることがあるでしょうか。親といっしょに取りくむということができるかどうか。学校で出会う同じ経験をもった親同士が、それぞれの経験をもちよっていっしょに話してみる、ということだってできるかもしれません。その他の親としての悩みもいっしょに考えられるかもしれない。場合によっては助けることもできるかもしれない。

わたしのつとめるシュタイナー学校には地下で働いている用務員さんがいます。小さな工場があってエンジンをつくったりはずしたりしているんですが、彼のまわりにはいつも何人かの男の子たちがいます。じつはそこに彼らがいるのは、先生が特別にひそかにそこに送ったんです。用務員さんは、お説教的なことばをつかいませんでした。ふつうに話をした。教師には時にこれがむずかしいから。

いろんなつながりを意識できるとよいですね。もちろん、簡単ではないかもしれません。おとな同士だって孤立しているから。これも答えというよりひとつの新しい問いです。いずれにしても今たいせつなのは、こどもにとってどんな道をすすむのがよいのかということではないでしょうか。

5

くるみをみつける

世界に向かうふたつの手

ちいさな孫が、お母さんといっしょにオーストラリアからベルリンに無料の飛行機に乗ってやってきました。

ベルリンの象徴はクマです。テディ・ベアですね。クマの町だから、町のあちこちにたくさんクマさんがいます。

孫がクマを見て、どうするかというと、わあああ！っと感激します。このクマを見たからって、わたしは「いったいなにがそんな？（おもしろいの？）」とびっくりしてしまいます。

向こうを電車が通ってゆきました。彼女はまた非常に感情ゆたかにわあああ！っと声をあげました——わたしはなにがあってもぜんぜんなにも感じない。

いったいこの子は、世界とどのような関係にあるんだろう？

いったいわたしは、どれだけ鈍感になってしまったのだろう？

学びの前提となるものはなんでしょう。それは

世界と感情的な関係を持つということ。

こどもたちは生まれてきて、信じられないくらいたくさんのことを日々学んでいる。わたしたち大人は慣れてしまって当然のようにやっていることばかりですが、こどもたちは毎日新しくクマさんと出会っています。いまと世界に出会っている。いまあるじぶんの状態よりも、もっともっと高い状態にいきたいと願う彼らは、学ぶことのエキスパートです。それらこどもの膨大《ぼうだい》な学びの量におとなはなかなか気づきません。

立つこと、それすらも、たいへんな学びです。ことばを修得することと、歩くこと、すべて、本当にたくさんのことが学ばれています。

こどもは、ことばを学んだらいろんなことを質問しますよね。

これなに？——グラスだよ。

これは？――ボールペンだよ。

これが、最初の問いです。

だいたい三、四歳でふたつ目の時期がきます。


なんでそうなるの？

それはどうなるの？

どうなってるの？


彼らは、「問い」そのものを発見します。

問うということはとてもたいせつです。

それによって世界に対する興味をふかめていくことになるわけですから。いったい問いというのは、こどもにとってどんな意味があるのでしょう。

問いを発するということは、大人が答えを返すということよりもよっぽど重要なわけです。問いを発するということは、目に見えない手がまわりに広がる世界に向かってのばされてゆくということです。

問いをもつということは、
世界と関係を持とうとすることです。

しかし、ことばの発達についての研究で、学校に入学すると、こどもたちは、問いを発することが目に見えて少なくなっていくという報告があります。シュタイナー学校でも、ふつうの公教育でも、それを問題だと考えています。

どのようにわたしたちはこどもに、世界に対する興味、まわりに対する関心を育てていくのかということ。こどもは本来、学ぶことを学ぶ必要はない存在です。ネイティブなエキスパートですから。

ある意味では、おとながあまりにも早く答えすぎているのではないか、といえるかもしれません。そしてあまりにたくさんの答えを。

ある意味ではあまりにもこどもに説明をしすぎているのかもしれま

せん。

または、あまりにも大人の問題を引き受けさせすぎているのではないか。

こどもに説明することは、鍋にふたをすること

になってしまいがちです。しかし本当に教育的な説明とは、

ふたを閉じようとしたその瞬間に、ぱっとまた開ける。

そんなことではないでしょうか。どのわたしたちの答えも、同時に新しい問いのスタートをしめすものへと変えることができるはずなんですね。

簡単に言ってしまいましたけれど、簡単だと思って言っているわけではありません。しかし、こどもたちは、いつだって非常に強く学びたいという気持ちをもっている、そのことは確かなのです。

世界と関係をもとうとするこの気持ち、学びたいという気持ち、この気持ちのはじまりは、ほめられるからとか、なにかの役に立つとか、目的のために起こるものではありません。うれしい、とか、たのしいとか、こころが動く、それそのものにおいて価値があります。この気持ちをなくさずにおおきくなるということ、もっと深めたいと思うものに出会うことは、ほんとうにとてもたいせつなことなのです。

ラッピングから退屈まで

七歳のこどもにわたしたちはなにを望むか?!——ドイツでこんな問いかけに発するある「研究」がなされました。ドイツの著名人、政治家、カトリックの僧など、いろんな人がさまざまな答えを寄せました。みなさんは七歳の頃どんなふうでしたか?　さてその研究領域のなかで、

「七歳のこどもはなにができなければならないのか」

というテーマの〝研究成果〟を発表しましょう。日本のこどもと比べながらお聞きになるとおもしろいかもしれません。

七歳だったら、誕生日のプレゼントのラッピングができなければならない。

わたしの家だったら母親がやってますけれど。

七歳になったらひとつの漢字、中国の漢字くらいは書けるだろう。

七歳だったら、かならず一回小川に落ちなければならない。

つまりしっかりぬれる、ずぶぬれにならなくてはならない、ということですね（笑）。それができなければいけない。

毎日、一枚の絵を描くこと。
何らかのことをものすごくよくできなければならない。
（とにかく何でもいい。）
本当に退屈を体験するべきだ。

灰色のどうしていいかわからないような退屈です。親は、いま、退屈になってもいいのよ、と言います。じぶんがなにをしようと、アイデアが浮かぶまで。親は、だからといって「『退屈だ退屈だ』としょっちゅう言ってこないで」と言えばいいのです。

七歳のこどもは、しっかり怒れなくてはならない。
エモーションをもって怒ってなにか言えるべきだ……と言うわけです。

けがをしたらじぶんでバンドエイドをはらなければならない。

……というわけで、まったくのごちゃごちゃ。みなさんならなにを挙げるでしょう？　わたしが話したことはぶあつい本になって出ています。『七歳の子の世界知識』という本です。これ以外にも、とにかくみなさん、七歳の子に好きなことを注文しています。そしてさいごに、この本の著者は、とても興味深い問いをしています――こどもがしっかりそのような体験ができる空間をわたしたちはこどもに与えているだろうか。

このことばの並列のなかから伝わってくるのは、どんなことでしょうか。たとえば、わたしが、

「わが子よ、その川に落ちなさい」

と言うとします。

「夏みかんをじぶんでむきなさい。それはおまえにとってたいい

せつなことだからだ」

「今日帰ってきたら、かならず二つ見た星座を言いなさい」

などなど。

――しかしなんだかナンセンスですね。ただ、わたしたちは、その空間をこどもにプレゼントすればいいだけですね。川やみかんや星空をこどもの前にころころ転がしてみるだけ。

おとながこどもにできること

ある日の夜の一一時頃、天気がよかったら南の空に月といっしょにすばらしい木星が見える。六日後には、木星は月を追い越してゆく。

「今日は少し遅くまで起きていてもいいよ。

一一時に木星が見えるよ」

もちろん明日は学校だから、朝は眠いかもしれないけど、でも木星を見たことをたのしんでくれるかもしれないです。

ドイツよりも日本の木星は美しいです。まるで光りかがやく夏みかんのようですね。きれいだなと感動しました。

そう、そんなふうに

おとなのこころが動くこと、

興味を持つということ。たとえば今日の夜の空を。興味を持たなければならないというのではないのですよ。持とうと思っても、そんなふうにこころってなかなか動かないものですから。

みなさんは毎日忙しいでしょう。それどころじゃないかもしれない。でも、この興味や関心が、みなさんの持っているいわば恐怖や不安をいつのまにかのりこえる、おおきな力になってくれます。

過大な心配や恐怖は、わたしたちのすべての発展をさまたげます。力をつかってこどもを従わせようとするのは、ある意味では、じぶんの恐怖に勝てないからです。非難したいのではありません。それほど恐怖が大きいのです。恐怖をのりこえるぞ、とちかっても力にならない。のりこえるためにできることがあるとすれば、それは、

じぶんの関心、興味を発展させていくということ。

なにか大きな哲学だとか地理だとか、大きな、むずかしいことに向かいましょう、ということではありません。男性はそうなりやすいですけど。むしろその反対です。『七歳の子の世界知識』という本を紹介しながらたくさん読みあげましたように、

ちいさな日常に、

ふとこころの動くできごとが、だれにだってきっとあるはずです。

シュタイナーは、「じぶんがなにかをしたい、という内側からの気持ち」をとりわけたいせつなものと考えていました。やろうというより、やらなければというより、やりたい、という気持ち。これを枯れさせずに育むことがどんなにたいせつなことか。それはおとなにとってもおなじです。

おとながしずかに集中して何かにとりくんでいる様子に、こどもは繊細《せんさい》に反応します。その様子に吸い寄せられるようです。それは、何かを「やりなさい」と命令されるよりずっとしぜんに、こどものからだとこころを動かしはじめます。

たとえばそんな働きを、シュタイナーは「権威」とよびました。権力をもつひとから「命令される」からやるのではない、ほめられるから、なにかを得られるから、やるのではないうごき、わくわくする動きを、こどものこころに生みだすおとなです。

「権威」というと、なにかヒゲをはやした偉い人だとかをつい想像してしまいますが、ここでシュタイナーのいう「権威」は、もっとささやかでありうるものだと思います。ある人の言う「権威」とみなさんが思う「権威」、そしてシュタイナーの言う「権威」はそれぞれ少しずつ意味が違うかもしれません。ここではシュタイナーが「権威」ということばを、どんな意味で、どんなことをたくして使っているのかも探りながらお話ししています。

シュタイナーは、口をすっぱくして何度も言っていました。こども自身は、〝おのずと〟じぶんから尊敬できる「権威」のあるおとなを望んでいる、渇望《かつぼう》している。この衝動は、青年になるまで、もう過ぎ去ってもいいのではないかという頃までつづく――みなさんの若い頃、思い当たることがあるでしょうか。

「権威」は、こどもがじぶんで興味を持ってなにかをやりだすのをいつでも待っています。こどもがボールをけられるように後ろからボールを転がすだけ。早くいえば、きっかけを与えるだけ。直接的ではありません。どんなふうにボールをけるか、けりたいか、それにとりくむのはこどもです。ああ動け、こう動けとは言わないのです。

内的な人間の成長としての「興味、関心」。じぶんからなにかをしたい、という内側からのこの気持ち。これを身近なおとながもっているということが、見えないかたちでこどもを守ります。それは不安をのりこえていく力になってくれるでしょう。そしてメディアからの情報が飛び交う世界で、おとなが唯一、こどもを守る力でもあるのです。

ひとをじぶんの思う通りに動かす「権力」と「権威」の違いはなんでしょう。

わたしは思うのですが、「権威」は、

日常生活のすべてのたいせつさ

を知っています。たとえば、ウーリッヒ伯父さんのくるみの話をさせていただきましたが、まさにそのなかに、日常のなかに、「子育ての秘密」が隠されています。

うたをうたう

わたしとあなた

わたしの奥さんは、外で働いて帰ってきた夫にもとってもきびしいです。彼女も働いているわけですが、わたしのほうがこんなふうに世界のあちこちにでかけてゆくので家を空けることが多いんですね。わたしが遅く帰ってきてぐったりしていても、

「今日はあなたがこどもを寝かせてちょうだい」

って言うんです。

「えーっこんなに疲れてるのに、そこまでやるの?!」

と言うと、

「あなたのセラピーのためよ」

って。わたしも一日じゅう働いて疲れているのですが、よいしょっと息子の部屋に行くわけです。息子が八歳頃だったでしょうか。部屋に入ると、彼はなかなか眠れないと言いました。そしてとつぜん、

「お父さん、歌うたえる？」

ときかれたのです。

「えっ？　お父さんが?!　歌うの?!」

びっくりしました。夜遅くに、わたしに歌を歌ってって言うんですよ。八歳の息子が。なんだかよくわからなかったけど、わたしはいっしょうけんめい歌いました。そうしたら、彼はいつのまにか、すやすや眠ってくれたんです。

思いもかけませんでした。

息子は、いろんなことに気が散ってナーバスな子なんですけれど、

こんなくたびれたお父さんの歌で眠ってしまった。歌をとおして「おやすみ」とお父さんから言われるということが、こどもにとってはたいせつなことだったんですね。

それでわたしは毎晩うたうことになったんです。しかもいっつも同じ歌。

たとえオンチだったとしても、歌っているあいだ、あるこころが、こどもに向かって流れてゆきます。

でも、どれだけのこどもが、歌を聴いていないでしょう。じぶんからあなたへ、という関係のうたを。わたしの場合は、奥さんがきびしかったから、歌を歌うことができました。

歌はもちろんひとつのたとえです。

そしてこれが、シュタイナーの教育者かどうかなんて、もちろんほんとにどっちだっていいわけです。どんなひとでも変わらないわけです。

たくさんの親が、この関係をつくれない、という状況にあります。口でいうのは簡単だけど、それがなかなかできない状況だと。ほんとうにそうですね。

そしてこれが、現代のたくさんのたくさんの問題への回答になっているかどうか、わたしにはわからないのです。むろん、十分ではないはずです。

でも、わたしたちは教育教育といって、走り回るけれど、こどもの願いは、シンプルなのかもしれませんね。わたしたちはこどもの頃、おとなになにを願ったでしょう。

ところであなたはどなた？

年をとるということ、
若いということ、

これはいったいどういうことでしょうか。

こどもは、からだだけ見れば、もちろんじぶんより小さい。でも、わたしに〈わたし〉があるように、君にも〈わたし〉がある。

だとするなら、そのようにして語られる〈わたし〉とは、わたしたちより遅く生まれたからといって、わたしたちより「若い」のだろうか？

ドイツでよく知られるオットーという教育者の問いかけです。……いったい、なにをいっているのでしょう。むずかしいです。

わたしたちおとなだって、この〈わたし〉とは何かということを知っているわけではありません。

そもそもこの〈わたし〉というものは、「うなぎ」のようなんです。〈わたし〉ってドイツ人ってこと？　男性ってこと？　六三歳ってこと？　それは性質ではあるけれど、この〈わたし〉を説明できているでしょうか？

つかもうとすると、するっとにげていってしまう。おかしなことに、じぶんの〈わたし〉というものは、じぶんでしっかりつかめないのです。だからなかなかうまくお話できない。

こういうことは、十代でとりわけ敏感になります。もうすっかり忘れてしまったかもしれないけど、みなさんだって考えたかもしれない。

上の息子が一六歳のときのことが思い出されます。学校から帰ってきて、その日あったことを不機嫌な感じで話しはじめた。

「今日国語で〈運命〉の話があったよ」

「おもしろそうじゃない」

「でも、未来がもう決まってるって言うんだよ。

じゃあ俺なんてそもそもいなくていいんじゃないの。俺がこれから何かんがえても未来が変わらないってことでしょ。なんで俺がいるわけ?」

ファンタスティックな若者の問いです。「なぜじぶん、〈わたし〉がここにいるのか」これは説明ができないことです。ひとりひとりが取りくむしかないことです。

さらに息子と話しました。父親としてつぎのように言ったんです。

「おまえは、〝ヤーコップ・シュタインマン〟だよ。おまえの運命は、だれももっていない。おまえだけのもっている運命だ。おまえは、おまえの〈わたし〉を、お父さんからもらったものだとでも思ってるの?」

そうしたら、すごく気持ち悪そうに(笑)

「ありえないよ、お父さん。
両親から〈じぶん〉をもらったなんて、
うわぁ考えたくもない」

どんな話をしているかわかりますか? ある若者が、じぶん、〈わたし〉は、親がつくったものじゃない、と言っています。生物的な「受精」からはじまるものを「じぶん」といっているわけではないということですね。

それではいったい、その「じぶん」とはなんなのでしょう。

そのような〈わたし〉の場所を、シュタイナーは「個」と呼びます。その〈わたし〉は、遺伝からできているのか、さまざまな環境からできているのか、それともそれらがおかゆのようにぐつぐつとまざりあって生まれてきたものなのか……それが、「ぼく」「わたし」のこの個性なのでしょうか。

そういう「個」としての〈わたし〉を、他人が教育することは不可能だと、シュタイナーは言いました。それはひとりひとりの自由であり、邪魔されてはいけないことだと。

じぶんの基準で、あなたを教育することはできない。

シュタイナーは、教室にいろんな子どもがいるのがいい、と言いました。実際、わたしの教室にもいろいろな子どもがいます。ゆかいな子がたくさんいます。あるこどもは読み書きができなかったのですが、なんでも絵で描けちゃう。トイレのブラシを五つもってジャグリング（お手玉）するんです。あたまにゆくものが、手のなかに入り込んでいました。
クラスのほかのこどももそれをとっても楽しんだ。そして彼が困っているときはたくさん助けました。そこからほかの子どもたちにもいろんな自信が生まれました。彼はいま絵を描くひとになっています。

こどもは、眼のなかに、唯一のものをもっています。

眼のなかに比較できないものが宿っている。それとどれだけ出会ってゆけるか。

そのなかに未来がひらかれています。人間を、ただ外見だけから判断するのではない眼をシュタイナー学校の先生は試されます。

こどもはそれぞれ楽器をもっています。その奏でる音に、おとなはみみをすますことができるでしょうか。

ほほえみにきづく。

ちょうど今の小学生のお母さんたちとおなじくらいの年頃の女性から、こうたずねられました。

「こどもの内側を育むことがたいせつだ、ということはよくわかりました。ほんとうにそうだと思う。でも今はおとなであるわたし自身が内側を育めないでここまで来たような気がします。内側を育むことがたいせつだと言われても、かえってどうしていいかわからないような気持ちがします。どう考えたらよいと思われますか」

そこにはたくさんのむずかしい現代の問題が存在していて、わたしはもちろん簡単には答えられないことがわかりました。だからわたしは、ほんとうに簡単にお返事しようと思いました。こう答えました。

ほほえみのふんいき、「あいだ」をつくるということ。
ほほえむひとは空っぽではありません。
ふたりの間には充実した「あいだ」が生まれます。

でも、こどもがどれほどおとなのほうを期待に充ちて見ていても、おとなはほほえみかえさない。気づかない。みんな、ナーバスで、あしたのことを気にしている。いらいらとして、忙しいとかいろんなことを言います。そうです、たしかにおとなにはいろんな事情がある！　でもね、ほんのほんのちょっとの時間なんです――

　こどもの生後六週間頃、お子さんをみつめていると、ほほえんでいるのに気づくことがあります。じぶんに向かって……。出産後すぐのほほえみとは違うものです。こちらはすぐ消えてしまいます。

　六週後は、なにか「目」からわたしたちのほうを見ているような気がするのです。なにか、出会うような目。そしてわたしたちが近づいてみてみると……、本当にまっくろな目があります。そこは笑ってはおらず、とてもしずかです。

　この経験を、ぜひお父さんにしていただけたらといつも思うのです。子育てにおいて、この体験をするというのは、大きな意味があると思います。

彼らは五〇センチくらいの〝小さな人〟です。そしてほほえみながら、じぶんたちのほうをみています……ふと、思います。いったいこの子は、どこからやってきたんだろう。

シュタイナーは、父親と母親の愛情をこどもにささげるとはどんなことなのだろうと問いかけています。

もちろん、母親はこどもと身体的なことも含めて、内的なつながりをもっていると思いますが、父親も父親のやり方でゆりかごのなかに眠っているこどもをほんとうにいとおしいと思うでしょう。

シュタイナーの場合、それを「問い」という表現であらわします。その問いとは、愛ということです。その愛というのは、どちらから始まるのだろうと、問いかけます。

おとなから始まるのか、産まれてきたこどもから始まるのか。

シュタイナーは、こどもの愛情というものは、両親の愛情よりも、先にある、と言います。彼らが先にわたしたちを愛しはじめるのだと。こどもが生まれてくる、この世に。わたしたちが、どのような教育をするかわからない。これからどうなるかわからない。まったく未熟者のおとなかもしれない。

じぶんに虐待《ぎゃくたい》する、体罰するということもあるかもしれない。ひどく貧乏かもしれない。離婚することもあるでしょう……それらも受け入れて、

なんの期待もなく、一〇〇パーセント信頼している。

じぶんが生まれてきたこの場所が、ほんとうに、優しい、いいところなんだと。ほんとうにその場所が信頼できるかどうかは、重要なことではないんだ、とほほえんでいる。

親の愛は、あなたを信じてやってきたこどもの愛に応えるだけなんだ、とシュタイナーは言います。そのことに気づけるかどうかだ、と。

たとえあなたがどんなひとであったとしても。

日本のみなさん、
さようなら。

どんなひとにも夜ベッドに入って眠るまえ、
ふとんのなかでひとりの時間がほんのすこし、
やってきますね。
また夜がやってきた。また今日が終わる。
今日も一日あっという間に過ぎ去ってしまった。
わたしはいったい今日なにをしたんだろう?

一日をさかのぼってみます。
日常はほんとにささいなことの連続です。

それでもなにか、
こころのうごくことはあったかな?

シュタイナーは「じぶんを教育する、じぶんを育てる」ことは
生きているあいだずっとつづくことだと考えていました。
おとながこどもにできるのは、
それをこどもがひとりでできるようになるまで
ちょっと応援するくらい。
それじゃあわたし――ローター・シュタインマンは
いつも「教育」「教育」といって、
日本にまででかけてゆくけれど、
わたしはいったいどこで今日、〈わたし〉を
〝教育〟したのかな?

それは〝すばらしい〟教育だったかな?

ふとんのなかのわたしに
おおきなこたえが返ってきます。それは——

「答はない」というこたえ。

わたしはまたひとりぼっちになります。

でも、もし、じぶんのしたことが
あとからまちがっていた、と思ったら、
そこから返ってくるものにこころをひらけば、
わたしは学ぶことができる。

未来を心配しなくてもだいじょうぶになる。
みなさんはもうお気づきかもしれませんが、
わたしはひどい心配性です。
だれかがちょっと帰ってくるのが遅くなるだけで
もう眠れない。
奥さんは、そういうときは眠ったほうがいいのよ、って
言うんです。

――ローター・シュタインマン

著者　ローター・シュタインマン
1944年生。ベルリン・シュタイナー教育教員養成ゼミナール代表。リューネブルク大学卒業後、公立学校教員を経て、ヴァンツベック・ヴァルドルフ学校でクラス担任・音楽専科を16年つとめる。ドルナッハ・ゲーテアヌム精神科学自由大学教育部門研究委員、世界ルドルフ・シュタイナー教育芸術支援部門委員。世界各地で講演活動を行う。最初の妻との間に5人、現在の妻との間に2人のこどもがいる。自身曰く「わたしの人生においてはいつも家庭にこどもがいた（る）」。

訳者　鳥山雅代
1968年生。自由の森学園卒業後、ミュンヘン・オイリュトミー学校で学ぶ。1994年～2007年、ヴェルンシュタイン、ニュルンベルク、ハスフルトのシュタイナー学校でオイリュトミーを担当。現在、「NPO法人 東京賢治シュタイナー学校」教員。訳書にH・エラー『人間を育てる』『4つの気質と個性のしくみ』（ともにトランスビュー）D・シューラー『ママのためのシュタイナー教育入門』（春秋社）など。

協力　ＮＰＯ法人　東京賢治シュタイナー学校
自由ヴァルドルフシューレ

本書は、「東京賢治シュタイナー学校」（東京・立川市）の「シュタイナー教育に学ぶ講座」の一環として企画されたローター・シュタインマン氏の定期講座と編集部によるインタビューがもとになっています。書籍化にあたって新たなテーマ設定のもと編集部による再構成を行ない表現の一部を改めました。刊行に至るまで鈴木真紀氏、小山律子氏をはじめとした「東京賢治シュタイナー学校」の多くの方々のご協力をいただきました。ここに記して感謝申し上げます。

（春秋社編集部）

シュタイナーのこどもの育てかた　おとながこどもにできること

2008年 9月25日　第1刷発行
2022年 10月25日　第7刷発行

著　者…………ローター・シュタインマン
訳　者…………鳥山雅代

発行者…………神田　明
発行所…………株式会社　春秋社
〒101-0021　東京都千代田区外神田2-18-6
電話　(03) 3255-9611（営業）
(03) 3255-9614（編集）
振替　00180-6-24861
URL　https://www.shunjusha.co.jp/
印刷所…………株式会社　シナノ
製本所…………ナショナル製本 協同組合
写真…………荒川真樹（本文・カバー）
装幀・デザイン…………高木達樹

ISBN978-4-393-37324-8　C0011　定価はカバー等に表示してあります